DAS RÖMISCHE KASTELL BIRICIANA

Weißenburg in Bayern

Archäologie in Bayern

Hg. von Prof. Dr. Thomas Fischer, Dr. Karl Heinz Rieder und der Gesellschaft für Archäologie in Bayern

Dieses Projekt wurde gefördert durch

Gesellschaft für Archäologie in Bayern e. V.

WEIßENBURG in Bayern

Sparkassen Kultur Stiftung Weißenburg i. Bay.

Simon Sulk

DAS RÖMISCHE KASTELL BIRICIANA

Weißenburg in Bayern

Verlag Friedrich Pustet
Regensburg

Umschlagmotive:
Vorderseite: *Hauptmotiv:* Tor des Kastells *Biriciana* (Simon Sulk); *unterlegtes Motiv:* Weiheblech (Votivblech) an den Gott Herkules aus dem Weißenburger Schatzfund (Museen Weißenburg/Simon Sulk); *kleine Motive (v. l. n. r.):* Reitermaske (Museen Weißenburg/Peter Nörr), Relief der Traianssäule (Conrad Cichorius), Götterfiguren (Museen Weißenburg/Arc-Tron), Adlerknaufschwert (Museen Weißenburg/Sascha Heckmann), rekonstruierter Limesturm (Museen Weißenburg/ Robert Frank), Reiter (Andrey Negin)
Rückseite: Nordtor des Kastells *Biriciana* (Simon Sulk)
Klappeninnenseiten: *vorne:* Römerfest *Biriciana* (Museen Weißenburg/Simon Sulk); *hinten:* Luftbild (Museen Weißenburg/ Simon Sulk) und Lageplan *Biricianas* (Museen Weißenburg/ Magenta 4)
Autorenfoto: © Miriam Zöllich

Bibliografische Information der Deutschen Nationalbibliothek
Die Deutsche Nationalbibliothek verzeichnet diese Publikation in der Deutschen Nationalbibliografie; detaillierte bibliografische Daten sind im Internet über http://dnb.dnb.de abrufbar.

ISBN 978-3-7917-3158

Reihen-/Umschlaggestaltung und Layout: Heike Jörss, Regensburg
Druck und Bindung: Friedrich Pustet, Regensburg
Printed in Germany 2020

Weitere Publikationen aus unserem Programm finden Sie auf www.verlag-pustet.de
Kontakt und Bestellungen unter verlag@pustet.de

INHALT

Zum Geleit 7

Vorwort der Herausgeber 8

Vorwort des Autors 10

Einleitung 13

Historischer Überblick 15

Rom an der Donau – Raetien wird Provinz 15

Sicherung und Erweiterung 16

Der Limes entsteht 17

Exkurs: Funktion des Limes 18

Neue Bedrohungen und das Ende des Limes 22

Exkurs: Teufelsmauer 23

Forschungsgeschichte 24

Die Anfänge der Limesforschung und die Entdeckung des Kastells 24

Archäologie in Weißenburg – Wilhelm Kohl und die Reichs-Limeskommission 26

Exkurs: Die Reichs-Limeskommission 28

Moderne Untersuchungen 29

Das Kastell 31

Lage und Entstehung 31

Ein erstes Kastell 32

Umbaumaßnahmen 33

Die Tore 34

Die Umwehrung – Türme, Mauern und die Wallstraße 37

Die Innenbebauung 39

Das Verwaltungsgebäude – die *principia* 40

Exkurs: Kaiserkult 45

Das Speichergebäude – das *horreum* 46

Wohnhaus des Kommandanten – das *praetorium* 48
Gebäude im westlichen Kastellbereich 49
Die Soldatenunterkünfte – die *contubernia* 50
Die Einheit 52
Ein Soldatenleben 54
Exkurs: Legionen und Auxilien 59
Das Ende des Kastells *Biriciana* 62

Ein Kastelldorf am Limes **64**
Der Vicus 64
Die Thermen 66

Das Umfeld von Biriciana **69**
Das Kastell „Auf der Breitung" 69
Gutshöfe *(villae rusticae)* 70

Was heute bleibt **73**
Ausgegraben, konserviert und wieder aufgebaut – der archäologische Park 73
Das Kastell *Biriciana* – Teil des UNESCO-Welterbes 75
Das RömerMuseum Weißenburg 76

Anhang **79**
Glossar 79
Informationen zu Kastellgelände, RömerMuseum und Thermen 80
Literatur 82
Bildnachweis 88

ZUM GELEIT

Sehr geehrte Leserinnen und Leser, liebe Römerfreunde,

Weißenburg, mit dem Bayerischen Limes-Informationszentrum, dem RömerMuseum, den Großen Thermen und dem teilweise rekonstruierten Kastellgelände, versteht sich als die bayerische Römerstadt am Limes. Präsentation und Vermittlung sind wichtige Punkte, um in dem großen Angebot an historischen und kulturellen Stätten hervorzustechen und Besucherinnen und Besucher, aber auch Bürgerinnen und Bürger vom antiken Erbe unserer Stadt zu begeistern. Mit dem Nachbau des Nordtores, der durch die aufgemauerte Umwehrung erfahrbaren Größe des Kastellgeländes, den visualisierten Innengebäuden sowie den informativen Tafeln bietet das ehemalige Reiterkastell allen Römerinteressierten einen besonderen Anlaufpunkt in Bayern. Von daher freue ich mich sehr, dass mit dem vorliegenden Band zum ersten Mal seit 30 Jahren wieder ein umfangreicher Führer zum Weißenburger Kastell *Biriciana* als Ergänzung der Befunde vor Ort erscheint. Herrn Simon Sulk, der von 2016 bis 2018 als wissenschaftlicher Mitarbeiter für die Museen der Stadt Weißenburg i. Bay. tätig war, danke ich, dass er sich dieses Themas angenommen hat.

Seit der letzten Publikation zum Kastell *Biriciana* hat sich einiges getan: Neue Forschungsmethoden haben den Innenbereich des ehemaligen Kastells genauer erkennbar werden lassen, und – für alle Denkmäler an der ehemaligen römischen Grenze besonders bedeutend: Der Limes wurde UNESCO-Welterbe! Hiermit lade ich Sie ein, unsere geschichtsträchtige Stadt – neben den Römern faszinieren die Zeit als ehemalige Freie Reichsstadt sowie die Renaissancefestung Wülzburg – zu besuchen und das Welterbe vor der Haustüre näher kennenzulernen. Mit diesem Führer werden Sie vor Ort und auch zu Hause eine spannende Zeit bei den Römern in Weißenburg verbringen.

Weißenburg i. Bay., im Dezember 2019

Jürgen Schröppel
Oberbürgermeister der Stadt Weißenburg i. Bay.

VORWORT DER HERAUSGEBER

Mit vorliegendem Band zum römischen Kastell *Biriciana* in Weißenburg von Simon Sulk – der Autor lebt seit einigen Jahren in Weißenburg und war an der Forschung und Erschließung der römischen Vergangenheit dieser Stadt aktiv beteiligt – werden die Führer der Reihe *Archäologie in Bayern* im Verlag Friedrich Pustet, Regensburg, weiter fortgesetzt. Es erklärt sich von selbst, dass Weißenburg in dieser Reihe vertreten sein sollte: Es ist einer der bedeutendsten Römerorte am Limes und hat außergewöhnlich viele sichtbare Überreste der Römerzeit zu bieten, die in vorliegendem Führer detailliert dargestellt und erklärt werden, eingebunden in die römische Geschichte des raetischen Limesgebietes.

Schwerpunkte des vorliegenden Buches sind das Reiterkastell *Biriciana* mit seinem wiederaufgebauten Nordtor, die gut erhaltenen Ruinen der Großen Thermen mit ihrem beeindruckenden modernen Schutzbau und schließlich das neu eingerichtete RömerMuseum mit Funden aus Weißenburg und Umgebung, dessen Höhepunkt zweifellos der „Römerschatz" mit seinen qualitätvollen Götterstatuetten und anderem herausragendem Fundmaterial bildet.

Seit mehr als 200 Jahren wird in Weißenburg archäologische Forschung betrieben, deren Ergebnisse weit über den Ort selbst hinausstrahlen. Der hier tätige Lateinrektor Johann Alexander Döderlein (1675–1745) war Autor der frühesten umfangreicheren Publikation zum römischen Limes. Auch die Grabungen und Publikationen des Weißenburger Apothekers und Streckenkommissars der Reichs-Limeskommission Wilhelm Kohl (1848–1898) haben heute noch bedeutsame Grundlagen geliefert.

Aber nicht nur in der Forschung wurde hier bis zum heutigen Tage Herausragendes geleistet, auch in ihrer touristischen Verwertung: Schon früh hat es die Stadt Weißenburg verstanden, ihre römische Vergangenheit nicht als lästiges Hindernis für die moderne Bautätigkeit zu betrachten. Im Gegenteil: Man hat sich schon immer damit identifiziert und schließlich die überregional bedeutenden Relikte der Vergangenheit für den Kulturtourismus aufbereitet und gewinnbringend genutzt. Die Stadt Weißenburg war beispielsweise aktiv an der Gründung des Fremdenverkehrszweckverbandes „Deutsche Limesstraße" beteiligt.

So entspricht dieser Band in ganz hervorragender Weise der Zielsetzung der Reihe *Archäologie in Bayern*: In allgemein verständlicher Form sollen hier die Zeugnisse der Vergangenheit für diejenigen Mitbürgerinnen und Mitbürger erschlossen werden, die Interesse an der Geschichte Bayerns samt ihren älteren Epochen aufbringen. Möge das Werk zahlreiche interessierte Leserinnen und Leser ansprechen!

Prof. Dr. Thomas Fischer
Dr. Karl Heinz Rieder
Prof. Dr. Bernd Päffgen

VORWORT DES AUTORS

Seit knapp 130 Jahren ist der Standort des Kastells *Biriciana*, so der durch die *Tabula Peutingeriana* überlieferte Name des römischen Kastellortes wenige Kilometer hinter dem Limes und unweit der Rezat gelegen, bekannt. Untrennbar ist der Name Wilhelm Kohl mit der Limesforschung in Mittelfranken verbunden. Nicht weit entfernt vom heutigen RömerMuseum betrieb er die „Einhorn Apotheke", die er aufgrund seiner intensiven Beschäftigung mit dem Limes und seinen Kastellen kaum noch selbst führte. Mehr als 100 Jahre früher war es Johann Alexander Döderlein, Lateinlehrer in Weißenburg, der die erste Veröffentlichung zur „Teufelsmauer" herausbrachte. Weißenburg besitzt also eine lange Tradition der Limesforschung und ein ebenso bedeutendes römisches Erbe in Form von Kastell, Thermen und Vicus. Dazu kommt das 1983 eröffnete und 2017 komplett neu gestaltete RömerMuseum in der Altstadt, das u. a. den außergewöhnlichen Römerschatz von Weißenburg – 1979 bei Gartenarbeiten entdeckt – beherbergt. Auch das Bayerische Limes-Informationszentrum befindet sich im Gebäude des Museums. Dies zeigt die Bedeutung, die die ehemalige Freie Reichsstadt auch heute noch in der Römerforschung einnimmt.

Waren es um 1900, zu Zeiten der Reichs-Limeskommission, noch interessierte Bürger, die sich der Archäologie zuwandten, haben archäologische Untersuchungen von Fachleuten das Bild des Kastellortes *Biriciana* erweitert und ergänzt. Nach den Führern zum römischen Weißenburg von Egon Wamser (1984), Eveline Grönke und Edgar Weinlich (1990) sowie der wissenschaftlichen Monografie zum Kastell durch Grönke 1997 klafft eine große Lücke bis in die heutigen Tage, sucht man aktuelle Informationen zu Kastell und Zivilsiedlung. Diese soll der vorliegende Band nun schließen. Er kombiniert die bekannten Untersuchungen mit neuen Erkenntnissen, die durch moderne Forschungen erst möglich gemacht wurden. Er soll zeigen, wie die Menschen vor etwa 1800 Jahren an der Grenze Roms lebten, wie die Soldaten ihren Dienst und ihre Freizeit verbrachten. Neben einer Beschreibung der Kastellanlage werden einzelne Aspekte zum Limes in kurzen Exkursen beleuchtet und vertiefen somit eine allgemeine Beschäftigung mit der Zeit der Römer in Mittelfranken. Mit vielen digitalen Rekonstruktionen der Kastellgebäude lassen sich manche Beschreibungen leichter verstehen, und eine gewaltige Kastellanlage aus der Zeit der Römer kann vor dem geistigen Auge entstehen.

Ich würde mir wünschen, Ihr Interesse an den Römern mit diesem Buch zu wecken oder eine bereits vorhandene Affinität zum Limes weiter zu vertiefen. Die Römerzeit in Mittelfranken ist nämlich viel mehr als alte Geschichte(n)!

Zur Veröffentlichung dieses Bandes haben mehrere Personen direkt oder indirekt beigetragen. Ich möchte mich an dieser Stelle bei allen bedanken und versuche, niemanden zu vergessen. Zunächst danke ich meiner Frau, die mich v. a. in der Druckvorbereitungsphase sehr unterstützte. Darüber hinaus bin ich folgenden Fachkollegen zu Dank verpflichtet: Herrn Prof. Dr. C. Sebastian Sommer, der das bereits vorliegende Manuskript den Herausgebern Herrn Prof. Fischer und Dr. Karl Heinz Rieder sowie dem Verlag Pustet zur Publikation vorschlug. Prof. Sommer las zudem Korrektur – vielen Dank für zahlreiche Anmerkungen! Dr. Mario Bloier, Leiter der Museen Weißenburg, betraute mich in meiner Zeit bei den Museen der Stadt mit dem Verfassen des Textes und legte so den Grundstein für diese Publikation. Der Oberbürgermeister der Stadt Weißenburg i. Bay., Jürgen Schröppel, sowie Herr Rechtsdirektor Heiko Stefke gaben ihre Einwilligung zur Veröffentlichung in dieser Reihe, wofür ich sehr dankbar bin. Auf Verständlichkeit las Mathias Meyer, Buchhandlung Meyer, die erste Textfassung und hatte wenig auszusetzen – danke dafür! Fachliche Diskussionen und Anregungen erhielt ich immer wieder von Dr. Fred-Sebastian Kirch sowie Dr. Jennifer Schamper; Dr. Veronika Fischer sei für ihre Unterstützung ebenfalls gedankt. Den Leihgebern der Abbildungen – die Museen Weißenburg, die Archäologische Staatssammlung München (Dr. Bernd Steidl), dem Saalburgmuseum Bad Homburg v. d. H., dem Bayerischen Landesamt für Denkmalpflege, Herrn Andrey Negin, Prof. Dr. Michael Rathmann sowie Dr. Boris Burandt – bin ich zu großem Dank aufgrund der unkomplizierten Überlassung der Bilder verpflichtet. Miriam Zöllich M. A. fertigte das Foto zum Autorenportrait an, vielen lieben Dank.

Äußerst glücklich bin ich darüber, dass die Stadt Weißenburg i. Bay. sowie die Sparkassenkulturstiftung Weißenburg i. Bay. der Sparkasse Mittelfranken-Süd in großzügiger Weise den

Druck dieser Publikation möglich gemacht haben. Der Gesellschaft für Archäologie in Bayern bin ich ebenfalls für die Zurverfügungstellung eines Druckkostenzuschusses sehr dankbar.

Zuletzt geht mein Dank an die Herausgeber der Reihe der archäologischen Führer, Herrn Prof. Dr. Thomas Fischer und Dr. Karl Heinz Rieder, sowie an die Mitarbeiterinnen des Verlags Friedrich Pustet, Frau Christiane Tomasi M. A. sowie Frau Julia Wagner M. A., für die absolut unproblematische Druckvorbereitung.

Für manche mag dieser Führer die erste Begegnung mit den Römern in Bayern, ja mit der römischen Antike überhaupt sein. Um nicht alle Fachbegriffe vorauszusetzen, sind manche Begriffe mit einem Sternchen (*) versehen. Diese werden in einem angehängten Glossar ab Seite 79 erklärt. Andere Begriffe werden durch Exkurse näher erläutert und bieten dem Leser so eine vertiefende Beschäftigung mit den angesprochenen Aspekten. Zur Benutzung allgemein: Bei Kaisern ist jeweils die Regierungs-, bei anderen Personen die Lebenszeit angegeben. Jahreszahlen ohne Angabe sind als n. Chr. zu lesen.

Weißenburg, im Dezember 2019

Simon Sulk M. A.

Abb. 1: Kastell *Biriciana* aus der Luft, von Norden aus gesehen; in der rechten unteren Bildecke der Schutzbau der Thermen, links oben im Bild die Stadtmauer der Altstadt Weißenburgs

EINLEITUNG

Das Gelände des römischen Kastells *Biriciana* befindet sich etwa 400 m westlich der Altstadt von Weißenburg i. Bay. (**Abb. 1, 2** sowie hintere Umschlaginnenseite). Möglicherweise waren es die Reste des in hellem Kalkstein erbauten Kastells und seines weiß verputzten Mauerwerks, das der frühmittelalterlichen Stadt „Uizzinburc" – die weiße Burg – ihren Namen gab. Etwa 150 Jahre dauerte die Anwesenheit der römischen Truppen. Sie hinterließen viele Spuren im Gebiet der heutigen Stadt. Die zahlreichen und teilweise spektakulären Funde sind heute im RömerMuseum in der Altstadt zu bewundern.

Neben den herausragenden Funden ist Weißenburg für die Überreste einer einstmals prachtvollen Thermenanlage bekannt. Dieses Badegebäude, eines der größten Süddeutschlands, befindet sich westlich des Kastells. Es ist heute unter einem Schutzbau gesichert und öffentlich zugänglich. Das Kastellgelände selbst wurde durch verschiedene Nachbauten und Visualisierungen seit dem Beginn des 20. Jhs. zu einem archäologischen Park gestaltet.

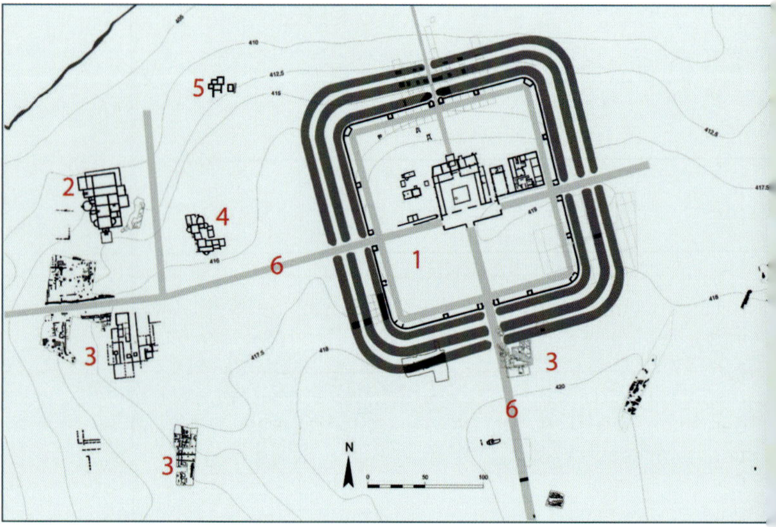

Abb. 2: Kartierung der römischen Befunde Weißenburgs.
1 Kastell, 2 Thermen, 3 Vicusspuren, 4 Sog. Kastellbad, 5 Privatgebäude (?) mit Baderäumen, 6 Römische Straßen

Dieser Führer soll dem Leser vor Ort, aber auch bei der Lektüre zu Hause vertiefende Informationen zum Leben im römischen Reiterkastell *Biriciana*, zu dessen Geschichte und zu den heute sichtbaren Überresten bieten.

EIN HISTORISCHER ÜBERBLICK

Rom an der Donau – Raetien wird Provinz

Die Geschichte der römischen Provinz* Raetien, deren Großteil im heutigen Süddeutschland liegt, beginnt im Jahr 15 v. Chr., in der Zeit des Kaisers Augustus (27 v. Chr.–14 n. Chr.). Dessen Stiefsöhne Drusus und Tiberius, der nach dem Tode des Augustus 14 n. Chr. die Kaiserwürde erhielt, befehligten einen Feldzug, der in das (süddeutsche) Alpenvorland führte. Ob diese Militäraktion eine Reaktion auf eine unmittelbare Bedrohung römischer Gebiete darstellte, ist aufgrund der vorliegenden Quellen eher unwahrscheinlich.

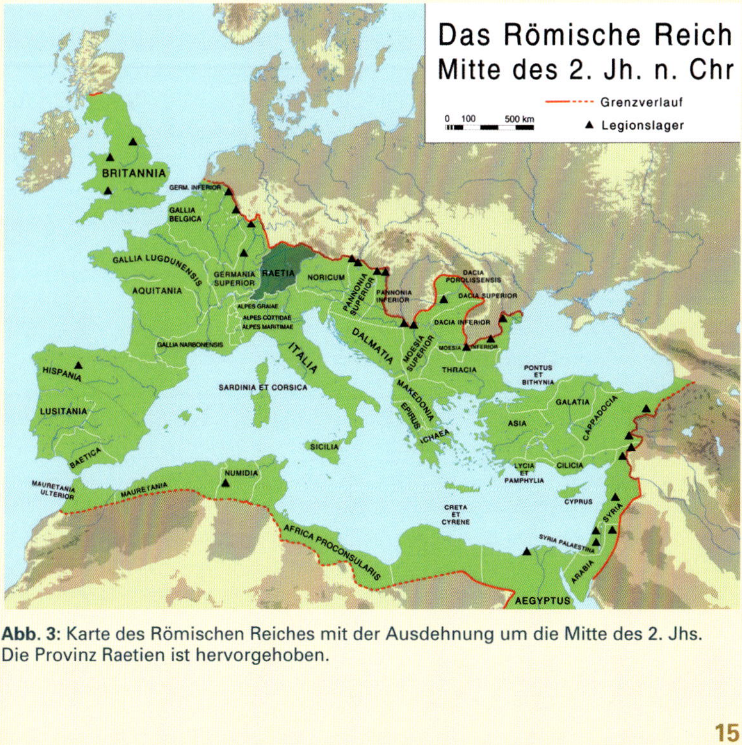

Abb. 3: Karte des Römischen Reiches mit der Ausdehnung um die Mitte des 2. Jhs. Die Provinz Raetien ist hervorgehoben.

Es wird angenommen, dass es sich bei den Gebietserweiterungen daher um strategisch motivierte und machtpolitische Aktionen handelte: Das neu eroberte Alpenvorland sorgte für eine verkürzte Verbindung zwischen den gallischen Provinzen und Pannonien **(Abb. 3)**. Auch die Sicherung der Alpenübergänge über Brenner- und Reschenpass dürfte eine wichtige Rolle gespielt haben.

Das eroberte Gebiet stand zunächst unter militärischer Verwaltung. Erst allmählich entwickelten sich eine zivile Administration und eine Besiedelung bis an die Donau (s. Abb. 4). Unter Kaiser Tiberius (14–37 n. Chr.), vielleicht auch erst in den frühen Regierungsjahren des Claudius (41–54 n. Chr.), wurde Raetien offizielle Provinz. Die erste Hauptstadt war *Cambodunum*/Kempten im Allgäu.

Sicherung und Erweiterung

> **„Nicht möchte ich, wiewohl sie sich jenseits des Rheins und der Donau niedergelassen haben, diejenigen zu den Völkern Germaniens zählen, die das dekumanische Land [= Südwestdeutschland] bebauen. Das loseste, aus Armut unternehmungslustige Gesindel der Gallier besetzte es, da der Grundbesitz zweifelhaft war. Nachher zog man den Grenzwall und ließ die Posten dahin weiterrücken, so dass es nun als Vorland des Reichs und Teil der Provinz betrachtet wird.“**
>
> Tacitus (ca. 58–120 n. Chr.), Germania 29, 4.

In der Folge des „Vier-Kaiser-Jahres“ 69 n. Chr. beschloss der aus dem Bürgerkrieg siegreich hervorgegangene Kaiser Vespasian (69–79 n. Chr.), die Verbindung der Provinzhauptstädte der germanischen Provinzen – Köln *(Colonia Claudia Ara Agrippinensium)* und Mainz (*Mogontiacum)* – nach Raetien und somit nach Italien zu verkürzen. Vom rechtsrheinischen Straßburg *(Argentorate)* führte eine Straße über den Neckar, von dort aus über die Schwäbische Alb an die Donau und weiter nach Augsburg *(Augusta Vindelicum)*, das durch die Fernstraße *Via Claudia Augusta* direkt an das nördliche Italien angebunden war.

Vermutlich unter Kaiser Traian (98–117 n. Chr.) wurde diese Verbindung nochmals ausgebaut: Eine Reihe von Kastellneugründungen vom Neckar bei Köngen über Heidenheim, Nördlingen und Gnotzheim sicherte diese neue, nun nördlich der Donau

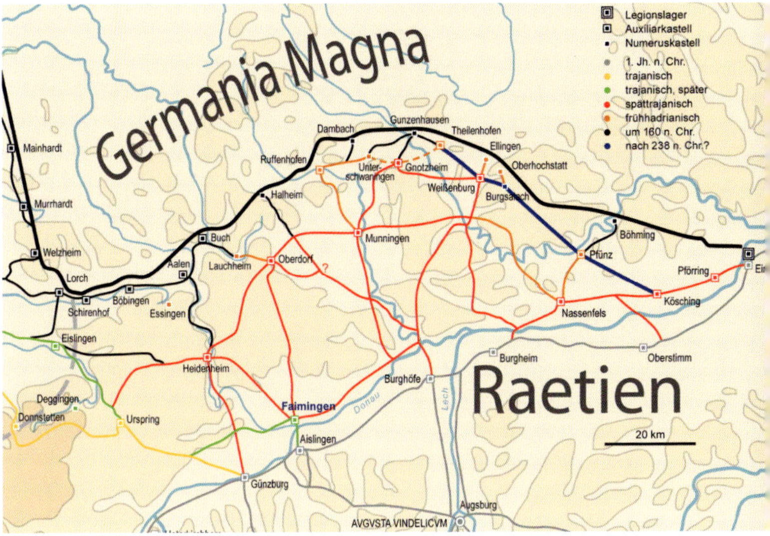

Abb. 4: Die Entwicklung der territorialen Ausdehnung der Provinz Raetien nördlich der Donau vom 1. bis zum 3. Jh. n. Chr.

gelegene Linie. An deren östlichem Ende entstand das Kastell Weißenburg in strategisch wichtiger Lage. Ebenfalls wurden so das fruchtbare Gebiet des Altmühltals und das Donauries der Provinz zugeschlagen. Hier, am „östlichen Alblimes", endete nun auch die von der neuen Hauptstadt *Augusta Vindelicum*/ Augsburg nach Norden verlängerte *Via Claudia Augusta* **(Abb. 4)**.

Der Limes entsteht

Die Errichtung der Kastelle in Ruffenhofen, Theilenhofen, Oberhochstatt und Ellingen sowie eventuell des sogenannten Erdkastells Burgsalach wenige Jahre später dürfte als Sicherung des Grenzgebietes angesehen werden. Eine physische Grenze im Sinne einer Grenzmarkierung oder einer Barriere zum *Barbaricum** wie im benachbarten Obergermanien wurde zu diesem Zeitpunkt in Raetien noch nicht eingerichtet. Erst um 160 n. Chr., in der Zeit des Antoninus Pius (138–161 n. Chr.), war die territoriale Ausdehnung der Provinz Raetien mit dem Bau der Kastelle in Dambach und Gunzenhausen abgeschlossen **(Abb. 8)**.

Abb. 5: Limesturm Erkertshofen

Exkurs: Funktion des Limes

Der Limes* in Form einer Grenzbarriere **(Abb. 6)** war keine unüberwindbare Anlage, die das Römische Reich von den Germanen trennte. Der Limes verfügte vielmehr über Stationen, an denen ein Übergang, gegen Zoll und Steuern, möglich war. Hier wurden Waren in beide Richtungen gehandelt. Römische Händler lieferten Keramik, Metallwaren, Wein und Öl in das *Barbaricum*, während Felle, Honig und blondes Frauenhaar im *Imperium Romanum* begehrt waren.

Abb. 6: Heute noch deutlich als schnurgerade Hecke sichtbare Limeslinie bei Oberhochstatt, Blick von Südwesten auf Burgsalach

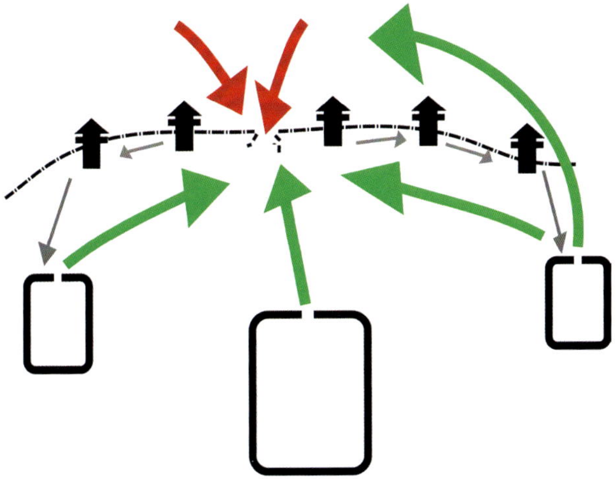

Abb. 7: Funktionsschema des Limes im Falle eines Durchbruchs: Der feindliche Einfall (rot) wird durch eine Meldekette (grau) von Wachtturm zu Wachtturm zu den nächstgelegenen Kastellen gemeldet. Von dort erfolgen ein Gegenangriff (grün) sowie das Abschneiden des Rückzugsweges.

Die Palisade und später die „Raetische Mauer" waren von Wachttürmen flankiert **(Abb. 5)**. Vier bis acht Mann, die vermutlich von den Kastellen in der Umgebung gestellt wurden, bildeten jeweils deren Besatzung. Die Türme standen in einem Abstand von etwa 500 m, jedoch maximal so weit, dass untereinander mit Fackel- und Rauchsignalen oder akustischen Zeichen kommuniziert werden konnte **(Abb. 7)**.

Bemerkte eine Turmbesatzung ein unkontrolliertes Passieren des Limes, sorgte die Meldekette von Turm zu Turm dafür, dass die nächstgelegenen Kastelle davon in Kenntnis gesetzt wurden. Ausrückende Reitereinheiten fingen die Eindringlinge ab, und der Rückzugsweg wurde abgeschnitten. Oftmals waren auch Vergeltungsmaßnahmen im Vorfeld des Limes Teil der militärischen Aktionen.

Das Kastell Weißenburg war mit seiner zurückgesetzten zentralen Lage sowie der berittenen Einheit hervorragend in dieses Verteidigungskonzept eingebunden. Aufgrund der hohen Mobilität der Reitertruppen, die bis zu 80 km am Tag zurücklegen konnten, war es ihr möglich, bis weit in das Limesvorland zu operieren.

Abb. 8: Der Limes in den Provinzen Obergermanien und Raetien, 2. Hälfte des 2. Jhs. n. Chr.

> **„In dieser Zeit und zu anderen Gelegenheiten an vielen Orten, an denen die Barbaren nicht durch Flüsse sondern durch Grenzen abgetrennt waren, ließ er große Pfähle nach Art einer Mauer eingraben, um die Barbaren so fernzuhalten."**
>
> Historia Augusta Vita Hadriani 12, 6.

Vor allem die Anlage von hölzernen Wachttürmen entlang einer Schneise in der Landschaft fällt in diese Zeit. Die Befestigung dieser Linie mit einer Palisade dürfte, den dendrochronologischen* Untersuchungen von Hölzern nach zu urteilen, nur wenige Jahre später erfolgt sein.

Als die Holztürme nach etwa 40 Jahren begannen, instabil zu werden, errichtete man Steintürme in direkter Nachbarschaft der Vorgängerbauten. Auch die Palisade musste ersetzt werden. Statt den halbierten Stämmen, die mit Querriegeln miteinander verbunden waren, entstand nun die „Raetische Mauer", auch „Teufelsmauer" genannt (**Abb. 9**; s. auch Exkurs, S. 23). Sie wurde – teilweise

Abb. 9: Virtuelle Rekonstruktion der Raetischen Mauer mit Steintürmen, Anfang 3. Jh. n. Chr.

trocken ohne Mörtelverband – aus anstehendem Material gebaut, wie Grabungsergebnisse zeigen. Die Errichtung dieser bis zu 3 m hohen Mauer erfolgte vermutlich im Frühjahr 207 n. Chr. Dieses Datum liefern Holzpfähle, die bei Ausgrabungen in Dambach gefunden wurden **(Abb. 10)**. Das Fälldatum der Stämme

Abb. 10: Übergang des Mauerfundamentes zum Pfahlrost im Kreuthweiher bei Dambach. Aufnahme durch Wilhelm Kohl, 1894

lässt sich dendrochronologisch auf den Winter 206/207 n. Chr. eingrenzen, so dass sie vermutlich kurz darauf als Unterkonstruktion der „Raetischen Mauer" in den Boden kamen. Im feuchten Untergrund des Moosgrabens haben sie sich hervorragend erhalten.

Neue Bedrohungen und das Ende des Limes

Im 3. Jh. änderte sich die Situation im Norden Raetiens grundlegend: Im zuvor nahezu bevölkerungsleeren Raum im Vorfeld des Limes siedelten sich germanische Gruppen an. Angezogen vom Wohlstand auf römischer Seite, dazu von Stämmen aus dem Osten verdrängt, kam es immer wieder zu Einfällen in die römische Provinz. Feldzüge in das germanische Gebiet unter den Kaisern Caracalla (211–217 n. Chr.) sowie Maximinus Thrax (235–238 n. Chr.) sorgten mit militärischen Aktionen und Geldzuwendungen an die germanischen Stämme für vorübergehende Entspannung. Innenpolitische Machtkämpfe, häufig wechselnde Kaiser und daraus resultierende bürgerkriegsähnliche Zustände läuteten jedoch bald das Ende des Limes in Raetien ein.

Bedrohungen von außerhalb – vor allem im Osten des Reiches wurden die Sassaniden zu einer großen Gefahr – machten eine Verlegung von Truppen an andere Grenzabschnitte notwendig. Nur ein Bruchteil der eigentlichen Grenztruppen verblieb in Raetien. Als der Thronanwärter Valerian (253–260 n. Chr.) im Jahr 253 n. Chr. weitere Kontingente aus Raetien abzog, um seinen Machtanspruch in Rom durchzusetzen, war die Provinz fast völlig schutzlos. Im Frühjahr 254 n. Chr. überwanden germanische Verbände den Limes an mehreren Stellen und drangen tief in die Provinz ein. Dies zeigen Zerstörungsschichten in den Limeskastellen sowie deren Zivilsiedlungen, aber auch in im Hinterland gelegenen Orten. Aus dieser Zeit stammen sowohl ein Münzschatz aus dem Kastell (s. S. 62f.) sowie vermutlich auch der berühmte Weißenburger Schatzfund, der im RömerMuseum (s. S. 76ff.) präsentiert wird. Der Großteil der römischen Bevölkerung zog sich hinter die Donau zurück, die von nun an als *ripa** (Flussgrenze) befestigt wurde und bis in das 5. Jh. die Grenze des Römischen Reichs markierte.

Abb. 11: Die „Teuffels-Mauer“ mit den Orten Weißenburg, Gunzenhausen, Ellingen, Treuchtlingen und Eichstätt auf einer Karte von Christian Ernst Hanßelmann (1773)

Exkurs: Teufelsmauer

„Der Name hat sich bis auf den heutigen Tag erhalten: Pfahl, Pfahlwerck, Pfahlranke, Pfahlrain, Pfahlhecke, sind die Ausdrücke, womit das Werk der Anwohner bezeichnet: der Name Teufelsmauer ist nicht ursprünglich sondern ein Produkt des abergläubischen Mittel-Alters.“ – So beschreibt Andreas Buchner in seinem 1818 erschienenen Bericht „Reise auf der Teufelsmauer“ den volkstümlichen Namen für den Limes **(Abb. 11)**.

Da sich die mittelalterliche und die frühneuzeitliche Bevölkerung die Überreste der raetischen Limesmauer nicht erklären konnten, entstand die Sage der Teufelsmauer, die folgendermaßen lautet: Gott und der Teufel stritten seit Anbeginn der Zeit um die Herrschaft auf der Erde. Da erbat der Teufel ein Stück Land der Erde für sich, um die Streitigkeiten zu beenden. Gott willigte ein. Die Gier des Teufels vorausahnend, nannte er als Bedingung, dass der Teufel nur so viel Land erhalte, wie er in einer Nacht bis zum ersten Hahnenschrei mit einer Mauer ganz umfassen könne. Der Teufel begann nun, Steine aufzutürmen und eine Mauer zu errichten. In seiner Maßlosigkeit fasste er den Mauerkreis jedoch zu weit und war nicht annähernd fertig, als der Hahn das Morgengrauen ankündigte. Voller Zorn zerstörte der Teufel die begonnene Mauer wieder, bevor er in die Hölle hinabfuhr.

FORSCHUNGS-GESCHICHTE

Die Anfänge der Limesforschung und die Entdeckung des Kastells

Weißenburg besitzt eine lange Tradition in der Limesforschung. Der hier tätige Lateinrektor Johann Alexander Döderlein (1675–1745) war Autor der frühesten Publikation zum Thema Limes. In dem 1723 verfassten und 1731 herausgebrachten Werk über das „Vallum“ war er der erste, der dessen Verlauf korrekt wiedergab. Bereits im 16. Jh. hatte der Historiker Johannes Turmair, genannt Aventin, Überlegungen zum Limesverlauf angestellt, ohne ihn jedoch treffend zu lokalisieren. Döderleins Beschreibung war wiederum zeitlich falsch eingeordnet: Er datierte den Bau des Limes in die Zeit der Kaiser Hadrian (117–138 n. Chr.) und Probus (276–282 n. Chr.) **(Abb. 12)**.

Abb. 12: Gedenkstein für die Teufelsmauer bei Denkendorf, fälschlicherweise den Kaisern Hadrian und Probus zugeschrieben, gesetzt unter König Max II. im Jahr 1861 als frühe Maßnahme zur Visualisierung des Limes

Der bereits erwähnte Andreas Buchner setzte in der „Reise auf der Teufelsmauer“ von 1818 Weißenburg mit der *Statio Biricianis* auf der *Tabula Peutingeriana** gleich **(Abb. 13)**. Diese mittelalterliche Kopie einer römischen Straßenkarte nennt zwischen *Vetoniana*/Pfünz und *Iciniacum*/Theilenhofen den Ort *Biricianis*. Die Interpretation ist bis heute unbestritten, auch wenn weitere Nachweise bislang fehlen. Ein Kastell in Weißenburg

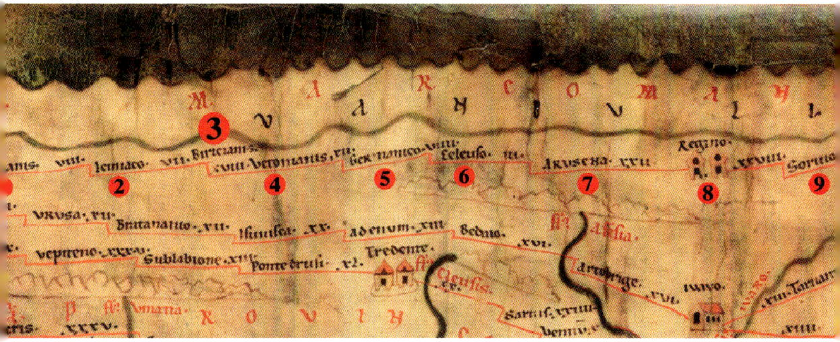

Abb. 13: Ausschnitt aus der *Tabula Peutingeriana* mit Eintragung der Kastellorte Raetiens: (1) *Mediana*/Gnotzheim, (2) *Iciniaco*/Theilenhofen, (3) *Biricianis*/Weißenburg, (4) *Vetonianis*/Pfünz, (5) *Germanicum*/Kösching; (6) *Celeuso*/Pförring, (7) *Abusina*/Eining, (8) *Reginum*/Regensburg, (9) *Sorviodurum*/Straubing

wurde in der Folgezeit mehrfach vermutet, gefunden wurde es jedoch zunächst nicht. Als Standort wurde immer wieder die „Alte Bürg" angenommen. Hierbei handelt es sich jedoch um Überreste einer vermutlich frühmittelalterlichen Befestigung östlich der Stadt. Ein Gedenkstein von 1858 – „Überreste eines römischen Castrums" – erinnert dort an den damaligen Forschungsstand.

Vor allem der Fund eines heute im RömerMuseum ausgestellten Militärdiploms (s. Abb. 46 a/b) beim Bau der Bahnstrecke Treuchtlingen–Pleinfeld im Winter 1867/68 bekräftigte die Vermutungen einer römischen Militärpräsenz bei Weißenburg. Der Münchener Gymnasiallehrer Friedrich Ohlenschlager äußerte 1884 erstmalig den Verdacht, das Kastell befinde sich in der Flur „Kesselfeld".

Im selben Jahr fanden schließlich zwei Weißenburger, der damalige Student Julius Miedel und der Lehrer Dr. Heinrich Schiller, auf einer westlich der Stadt gelegenen Flur Mauerreste. Das „Kesselfeld", ableitbar von Kastell, sowie die angrenzende Flur „Steinleinsfurt" lieferten, Ohlenschlagers These entsprechend, mit ihren bezeichnenden Namen Hinweise auf den Standort der gesuchten Militäranlage. Ob es sich bei den dort aufgefundenen Strukturen um Mauern innerhalb des Kastells oder Überreste der zivilen Siedlung handelte, ist heute nicht mehr zu klären.

Abb. 14: Die Erforscher des Kastells Biriciana: Wilhelm Kohl, Julius Tröltsch und Max Raab (v.l.n.r)

Archäologie in Weißenburg – Wilhelm Kohl und die Reichs-Limeskommission

Der 1889 gegründete Weißenburger Altertumsverein begann 1890 mit den ersten planmäßigen Ausgrabungen. Sie standen unter der Leitung seines Vorsitzenden, des Apothekers Wilhelm Kohl (1848–1898). Bis zu seinem Tode erforschte er unermüdlich das römische Weißenburg sowie die umgebenden Kastelle in Dambach, Ruffenhofen und Ellingen. Aufgrund seiner Verdienste um *Biriciana* wurde Kohl 1892 zum Streckenkommissar der Reichs-Limeskommission (s. S. 28) ernannt. Nach seinem frühen Tod führten seine Nachfolger im Vereinsvorsitz, Julius

Abb. 15: Die nach den Ausgrabungen konservierten Mauern des Westtores. Aufnahme von Wilhelm Kohl, 1894. Im Hintergrund St. Andreas in der Weißenburger Altstadt

Abb. 16: Luftbildaufnahme des Kastellgeländes aus dem Jahr 1956. Die originalen Mauern befinden sich freigelegt an der Oberfläche.

Tröltsch und Max Raab, die Untersuchungen im Kastell bis 1913 fort. *Biriciana* ist heute aufgrund der Arbeit der drei Archäologiepioniere **(Abb. 14)** einer der am besten untersuchten Kastellplätze am Obergermanisch-Raetischen Limes.

Dank der Bestrebungen Raabs wurde das Kastellgelände 1914 Eigentum des Bezirks Mittelfranken und konnte so aus einer geplanten Bebauung herausgenommen werden. Die bei den Grabungen freigelegten Mauern blieben offen und wurden teilweise durch Zäune oder Überdachungen geschützt. Zuvor hatte man lose Steine entfernt, die Grundrisse aufgemauert und dabei die Originalsubstanz mit einer roten Farblinie abgegrenzt. Den Mauerkern überdeckte man mit Beton. Darüber wurde Humus aufgetragen und dieser mit Rasen bepflanzt, wie es schon auf der Saalburg* Methode war. Dies sollte verhindern, dass Wasser in das Mauerwerk eindringen konnte **(Abb. 15)**.

Bis in die 1960er-Jahre hinein waren die Originalstrukturen so mehr oder weniger schutzlos der Witterung ausgesetzt **(Abb. 16)**. Der deutliche Substanzverlust ließ die Stadt Weißenburg, die das Kastellareal zum 1. Januar 1966 gekauft hatte, handeln. Mit schweren Maschinen wurde das Gelände bis zu den Maueroberkanten aufgefüllt und die Mauern mit Waschbetonplatten abgedeckt.

Exkurs: Die Reichs-Limeskommission

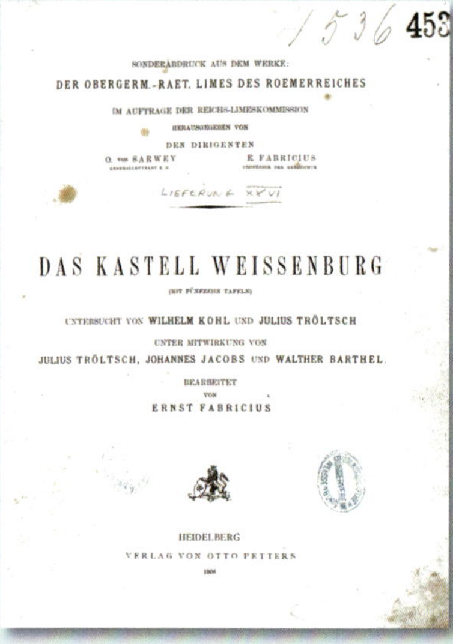
1536 453

SONDERABDRUCK AUS DEM WERKE:

DER OBERGERM.-RAET. LIMES DES ROEMERREICHES

IM AUFTRAGE DER REICHS-LIMESKOMMISSION

HERAUSGEGEBEN VON

DEN DIRIGENTEN

O. VON SARWEY E. FABRICIUS

LIEFERUNG XXVI

DAS KASTELL WEISSENBURG

(MIT FÜNFZEHN TAFELN)

UNTERSUCHT VON WILHELM KOHL UND JULIUS TRÖLTSCH

UNTER MITWIRKUNG VON

JULIUS TRÖLTSCH, JOHANNES JACOBS UND WALTHER BARTHEL.

BEARBEITET

VON

ERNST FABRICIUS

HEIDELBERG

VERLAG VON OTTO PETTERS

1906

Abb. 17: Titelseite der Lieferung XXVI des Limeswerks „Der obergermanisch-raetische Limes des Römerreiches" von 1906

Theodor Mommsen, Historiker und späterer Literaturnobelpreisträger, setzte sich seit den 1870er-Jahren für eine staatliche Koordinierung der einzelnen archäologischen Untersuchungen am Limes ein. Nach vielen Anläufen konnte die Reichs-Limeskommission (RLK) schließlich 1892 in Heidelberg ihre konstituierende Sitzung abhalten. Das zunächst auf wenige Jahre ausgelegte Projekt sprengte in der Folge jeden Rahmen: Von 1894 bis 1937 wurden alle Kastelle und Wachttürme des in 15 Strecken eingeteilten Limes in dem Werk „Der obergermanisch-raetische Limes des Roemerreichs" in sieben Bänden über die Strecken (Abt. A) und acht Bänden über die Kastelle (Abt. B) publiziert. Die Untersuchungen zum Kastell Weißenburg wurden unter der Nummer B 72 veröffentlicht **(Abb. 17)**. Die Arbeit im Gelände übernahmen ehrenamtliche Streckenkommissare, die sich auf dem Gebiet der Archäologie ausgezeichnet hatten. Die Kosten der Untersuchungen trug das Deutsche Reich.

1939 löste sich die Reichs-Limeskommission im Vorfeld des Zweiten Weltkriegs auf. Die Römisch-Germanische Kommission des Deutschen Archäologischen Instituts übernahm den Nachlass.

Zur Vorbereitung der Nominierung des Obergermanisch-Raetischen Limes als UNESCO-Welterbe gründete sich 2003 die Deutsche Limeskommission (DLK). Deren primäres Ziel ist jedoch nicht die Ausgrabung der Strecken und Kastelle, sondern die Erforschung und die Vermittlung sowie der Schutz dieses Bestandteils des Welterbes.

Abb. 18: Luftbild der archäologischen Ausgrabung des Nordtores im Jahr 1986. Zu sehen sind die Fundamente der halbrunden Tortürme und die beiden Zwischentürme.

Moderne Untersuchungen

Die letzten archäologischen Ausgrabungen im Kastell fanden bei Kampagnen 1986/87 sowie 1989/90 statt **(Abb. 18)**. Um das Kastellgelände für Besucher aufzuwerten, sollte das Nordtor des Kastells wiederaufgebaut werden. Hierbei waren vorgreifende archäologische Untersuchungen notwendig. Im Zuge dieser Grabungen konnten erstmals Spuren der frühen Kastellphase mit einer Holz-Erde-Umwehrung nachgewiesen werden.

Geophysikalische* Untersuchungen lieferten 2006 viele neue Erkenntnisse zur teilweise hölzernen Innenbebauung **(Abb. 19)**. Mit Hilfe der Messungen zeichneten sich vor allem die Wohnbaracken der Soldaten sehr gut ab. Da diese in Holz- und Fachwerkbauweise errichtet waren, konnten die frühen Ausgräber um Wilhelm Kohl aufgrund der damaligen Grabungstechnik – sie bestand darin, lange, schmale Suchschnitte anzulegen und entlang aufgefundener Mauern zu graben – deren Spuren nicht fest-

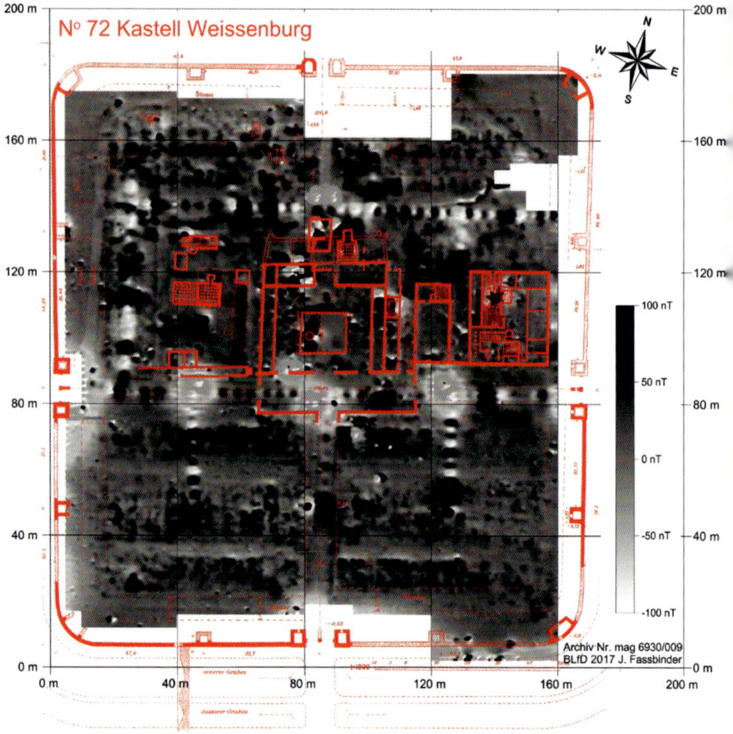

Abb. 19: Geophysikalische Messungen des Kastellgeländes aus dem Jahr 2006. Rot eingetragen sind die Grabungsergebnisse durch W. Kohl und J. Tröltsch aus ORL B 72, 1906.

stellen. Auch zur Kenntnis der römischen Wegführung im Inneren trugen die geophysikalischen Messungen bei. Die modernen Computerrekonstruktionen des Kastells basieren auf diesen Ergebnissen.

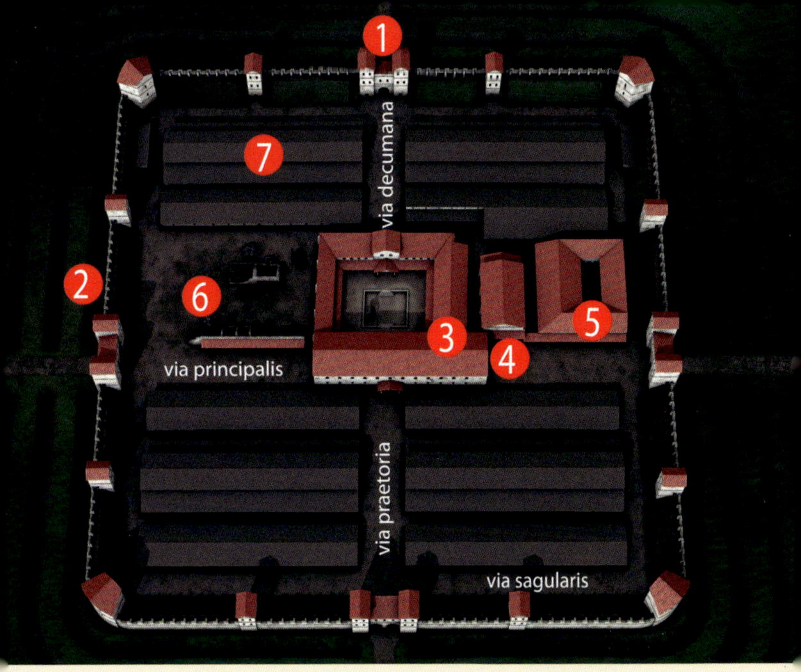

Abb. 20: Virtuelle Rekonstruktion des Kastells *Biriciana* mit seinen Innengebäuden. 1 Nordtor/*porta decumana*, 2 Umwehrung mit Mauer und Gräben, 3 Verwaltungsgebäude/*principia*, 4 Speichergebäude/*horreum*, 5 Kommandantenwohnung/*praetorium*, 6 Westlicher Kastellbereich, 7 Soldatenunterkünfte/*contubernia*

DAS KASTELL

Name, Lage und Entstehung

Der auf dem Gebiet der heutigen Stadt Weißenburg i. Bay. gelegene Kastellort hieß in der Antike sehr wahrscheinlich *Biriciana* oder *Biricianis*. Es ist jedoch nicht gesichert, ob der Name nur für das Kastell selbst oder den gesamten Kastellort mit seinem zivilen Lagerdorf galt. Hierfür fehlen weitere Belege. Auch die Herkunft des Ortsnamens ist unbekannt.

Der Begriff *Biriciana* ist vermutlich nichtrömischen Ursprungs. Er verweist eher auf keltische Wurzeln. Archäologische Spuren einer spätkeltischen Besiedlung im Umfeld des Kastells erlauben allerdings nur eine Datierung um die Zeitenwende, so dass ein Nachweis der Existenz einer einheimischen Bevölkerung bei Anlage des Kastellortes um 100 n. Chr. bislang aussteht.

Der Standort war für ein Kastell hervorragend gewählt. Auf einer leicht abschüssigen Anhöhe oberhalb der Schwäbischen Rezat gelegen, konnte von hier aus das Grenzgebiet überblickt werden. Die *porta praetoria*, das Haupttor, befand sich an der Südseite des Kastells. Hier endete die Verbindung zur *Via Claudia Augusta*, einer der wichtigsten Straßen des römischen Reiches. Diese führte über die Donau zur Provinzhauptstadt Augsburg (*Augusta Vindelicum*, seit etwa 121 n. Chr. *Aelia Augusta*) und von dort über die Alpen nach Norditalien.

Ein erstes Kastell

Abb. 21: Virtuelle Rekonstruktion des Nordtors des Kastells *Biriciana* in der Holzbauphase, von innen aus betrachtet

Zunächst wurde das Kastell in Holz-Erde-Bauweise errichtet. Eine vorgelagerte Holzwand war von innen mit einem aufgeschütteten Erdwall befestigt. Die Türme und die vier Toranlagen bestanden ebenfalls aus Holz **(Abb. 21)**. Mit ca. 170 x 160 m Größe, also etwa 2,8 ha Grundfläche, bot das Kastell einer Reitereinheit mit etwa 400 bis 500 Soldaten Platz. In dem bereits genannten, in das Jahr 107 n. Chr. datierten Militärdiplom des Reiters Mogetissa ist die Einheit *Ala I Hispanorum Auriana* erwähnt. Auch andere Funde machen die Anwesenheit dieser Truppe wahrscheinlich. Zuletzt wurde jedoch auch eine gemischte Einheit aus Fuß- und Reitersoldaten, die *Cohors IX Batavorum,* als mögliche Besatzung des Kastells *Biriciana* angeführt. Welche Einheit das erste Kastell um oder kurz nach 100 n. Chr. gründete, ist also umstritten, vieles spricht jedoch für die *Ala I.*

Zu diesem in Holz-Erde-Bauweise errichteten Kastell ist der Forschungsstand nicht besonders gut. Es wurde bereits zu Zeiten der Reichs-Limeskommission vermutet, konnte aber erst durch die Ausgrabungen 1986/87 im Bereich der Nordfront nachgewiesen werden. Sehr viel besser untersucht ist das Steinkastell, das in der Mitte des 2. Jhs. anstelle der Holz-Erde-Anlage errichtet wurde.

Umbaumaßnahmen

Zwischen 140 und 160 n. Chr., vermutlich in der Regierungszeit des Kaisers Antoninus Pius (138–161 n. Chr.), erfolgte ein Umbau der Umwehrung und eines Großteils der Innenbebauung von Holz zu Stein. Das Holzkastell verfügte über zwei Verteidigungsgräben, von denen der innere vor dem Umbau verfüllt wurde. Auf einer darin eingebauten Fundamentierung errichtete man dann aus hellen, überwiegend lokal gebrochenen Kalksteinen die Mauer. Durch diese Vorverlegung der Befestigung vergrößerte sich die Innenfläche auf 3,1 ha (ca. 180 x 170 m). Dem Umbau der Mauer folgte der Austausch der hölzernen Toranlagen und Türme durch steinerne Bauten.

Nach der Fertigstellung der neuen Umwehrung wurden auch Teile der Innenbauten sukzessive durch Steingebäude ersetzt. Lediglich die Unterkünfte der Soldaten waren weiterhin in Holz- und Fachwerkbauweise ausgeführt.

Viele Kastelle am Limes wurden in dieser Zeit neu errichtet oder umgebaut, was mit einem größeren Bauprogramm des Kaisers Antoninus Pius in Verbindung gebracht werden kann. Auch waren die hölzernen Baustrukturen sicherlich nach mehreren Jahrzehnten renovierungsbedürftig.

Abb. 22: Virtuelle Rekonstruktion des Nordtors (*porta decumana*) in der Steinbauphase. Im Gegensatz zum Nachbau im Gelände ist es ein Stockwerk höher dargestellt

Die Tore 1

Das Kastell besaß in beiden Ausbaustufen vier Toranlagen. In der gesamten Nutzungsphase war das Südtor das Haupttor *(porta praetoria)*. Die beiden seitlichen Tore hießen *porta principalis dextra* und *porta principalis sinistra*. Alle besaßen eine doppelte Tordurchfahrt. Das rückwärtige Nordtor *(porta decumana)* dagegen war nur einspurig ausgebaut. Wie die gesamte Umwehrung bestanden die Torbauten des ersten Kastells ebenfalls aus Holz.

Die *porta decumana* ist das am besten erforschte Tor des Weißenburger Kastells **(Abb. 18 und Abb. 22)**. In der Holzbauphase ruhten beide Tortürme auf jeweils sechs mächtigen Pfosten von 30 bis 40 cm Kantenlänge. Die Grundfläche der Türme betrug 3,4 x 4,0 m. Die Durchfahrtsbreite zwischen beiden Türmen lag bei etwa 3,2 m. Über die Höhe des Tores sind keine genauen Aussagen mehr möglich; eventuell war es dreistöckig ausgebaut. Über der Durchfahrt befand sich ein Wehrgang. Ob dieser mit einem Dach versehen war, ist unbekannt.

Beim Umbau zum Steinkastell ersetzte man auch die hölzernen Toranlagen durch Steinbauten. Das Nordtor verfügte nun über zwei rechteckige, 4,7 x 4,9 bzw. 5,0 m große Tortürme. Die Breite der Durchfahrt betrug 3,8 m.

Zu einem späteren Zeitpunkt wurde das Nordtor erneut umgestaltet: Man demontierte die beiden Türme und baute sie in der halbrunden Form, wie sie im Kastellgelände heute nachgebaut sind, wieder auf. Dies hatte vermutlich repräsentative Gründe. Auch fortifikatorisch ist die Form der Rundtürme vorteilhaft. Dass für den Umbau das zum Limes gerichtete Tor gewählt wurde, war also sicher kein Zufall. Der Anlass dafür ist jedoch ebenso unklar wie der Zeitpunkt der Maßnahme.

Die *porta praetoria* des Legionslagers Regensburg kann als Vergleichsbeispiel für Weißenburg herangezogen werden. Sie wurde unter Kaiser Marc Aurel (161–180 n. Chr.) im Jahr 179 n. Chr. fertiggestellt und könnte als Vorbild gedient haben **(Abb. 23)**. Als Anlass zum Umbau des Weißenburger Nordtores wurde des Öfteren der Besuch des Kaisers Caracalla (211–217 n. Chr.) in der Provinz Raetien in Betracht gezogen. Aufgrund des Fehlens von datierenden Funden lässt sich diese Vermutung jedoch weder bestätigen noch widerlegen. Nur zwei weitere Kastelle am Raetischen Limes weisen eine von den normalen Rechtecktürmen abweichende Architektur auf: Beim Kastell Schirenhof

Abb. 23: Die *porta praetoria* des Legionslagers Regensburg, Fertigstellung im Jahr 179 n. Chr.

Abb. 25: Die Bauinschrift des Kastells Ellingen aus dem Jahr 182 n. Chr., ausgestellt im RömerMuseum Weißenburg: Dem Kaiser Marcus Aurelius Commodus (der Name wurde in römischer Zeit ausgemeißelt) / Antoninus Augustus, dem Germanenbesieger und größten Sarmatenbesieger, / Inhaber der tribunizischen Amtsgewalt, zum 3. Mal Konsul, Vater des Vaterlandes (gewidmet) / Die Mauer des Kastells Sablonetum mitsamt Toren ist in Stein ersetzt worden / auf Befehl von Quintus Spicius Cerialis, dem Provinzstatthalter / des Kaisers, als Mamertius und Rufus Konsuln waren, / durch die statthalterische Infanteriegarde unter Aufsicht / von Aurelius Argivus, Hauptmann der 3. Italischen Legion (nach Steidl 2019)

(Baden-Württemberg) sind es ebenfalls die Tortürme der *porta decumana*, die halbrund gestaltet sind. Bei dem rückwärtigen Tor des wenige Kilometer nördlich von Weißenburg gelegenen Kastells von Theilenhofen zieht die Einfahrt halbrund ein. Der Grund für die ungewöhnliche Gestaltung ist völlig offen, zumal bei beiden Beispielen das in Richtung Landesinneres weisende Tor betont wurde. Auch ist aufgrund fehlender (moderner) Ausgrabungen nicht gesichert, ob diese Form erst nach einem Umbau entstand.

Abb. 24: Bronzene Buchstaben aus dem Kastell *Biriciana*. Sie stammen vermutlich von Bauinschriften, die über den Toren angebracht waren

Die Durchfahrten konnten mit großen zweiflügeligen Toren verschlossen werden, wie Reste von Torbeschlägen im RömerMuseum zeigen. Vermutlich waren über jeder Toranlage Bauinschriften angebracht, die den Kaiser und die erbauende Truppe nannten. Von der Inschrift Weißenburgs sind leider nur wenige Bronzebuchstaben gefunden worden **(Abb. 24)**. Sie waren sicherlich auf eine Steintafel aufgenietet.

Sehr viel besser erhalten ist die eindrucksvolle, ebenfalls im RömerMuseum Weißenburg ausgestellte Bauinschrift des nahegelegenen Kastells *Sablonetum*/Ellingen **(Abb. 25)**. Hier waren die Buchstaben der Bauinschrift in eine große *tabula ansata*, ein Inschriftenfeld, eingemeißelt.

Die Umwehrung – Türme, Mauern und die Wallstraße 2

Abb. 26: Die Lagerringstraße (*via sagularis*) verlief entlang des aufgeschütteten Erdwalls. An den Türmen war ein Aufgang zum Wehrgang möglich

Die Umwehrung des Kastells schloss eine Innenfläche von 2,8 ha (Holz-Erde-Kastell) bzw. 3,1 ha (Steinkastell) ein. Entlang der Holzwand und der späteren Mauer verlief ein Erdwall. Darauf befand sich ein Wehrgang, der durch Zinnen in breitem Abstand geschützt war. Am Fuße des Erdwalls verlief die *via sagularis* **(Abb. 26)**, die Lagerringstraße. Von ihr aus gelangte man über Treppen bei den Türmen zum Wehrgang.

Abb. 27: Bei dem Nachbau von 1990 ist nur ein kleiner Teil der Mauer mit dem ursprünglichen weißen Putz und dem roten Fugenstrich versehen

Die Mauer war, wie vermutlich auch viele der Innenbauten, mit einem weißen Putz versehen. Darauf wurde ein roter Fugenstrich angebracht. Dies sollte eine sauber gesetzte Quadermauer vortäuschen, was repräsentativer wirkte als grobes Bruchsteinmauerwerk. Am nachgebauten Nordtor ist dementsprechend ein Teilbereich mit Putz und Fugenstrich nachgestellt **(Abb. 27)**.

Auch wenn nicht alle Türme des Kastells ausgegraben wurden, so können zumindest für die Steinbauphase trapezförmige Türme in jeder Kastellecke rekonstruiert werden. Zwischen diesen und den vier Toren mit jeweils zwei Tortürmen standen insgesamt acht Verbindungstürme mit rechteckiger Grundform. Zusammengenommen besaß das Steinkastell also 20 Türme. Deren Höhe ist nicht gesichert, kann aber mit 12 m und mehr veranschlagt werden. Da keine Ziegel bei den archäologischen Untersuchungen gefunden wurden, ist eine Verwendung von

Holzschindeln anzunehmen. Eine offene Plattform auf den Türmen, wie in älteren Rekonstruktionen gelegentlich dargestellt, erscheint aufgrund der Witterung zweifelhaft.

Vor der 1,0–1,3 m breiten Mauer des Steinkastells hoben die Soldaten drei Gräben aus. Diese waren jeweils etwa 6 m breit und über 2 m tief. Der Aushub wurde möglicherweise als Wall zwischen den Gräben aufgeschüttet. Die Ausgrabungen zeigten, dass der äußere und der innere Graben vor dem Nordtor aussetzten. Der mittlere Graben konnte demnach nur durch eine Holzbrücke überquert werden. Vermutlich war diese Situation vor jeder der vier Toranlagen gleich gestaltet. Als weiteres Annäherungshindernis konnte in der Grabung an der Nordfront zwischen dem ersten und zweiten Graben eine Art Zaun nachgewiesen werden. Ob dieser auch an den anderen Seiten existierte, ist bislang unbekannt.

Vor den Kastellgräben folgten in einigem Abstand die Gebäude der Zivilsiedlung (s. Abb. 2). Ein solcher befundleerer und somit bebauungsfreier Streifen ist häufig an Standorten von Reitereinheiten zu beobachten. Die Freifläche könnte als Pferdekoppel oder als Übungsareal für die Reiter gedient haben.

Die Innenbebauung

Jedes römische Hilfstruppenkastell war ähnlich aufgebaut. Ausnahmen bildeten die bescheideneren Anlagen für kleinere Einheiten. Das Weißenburger Reiterkastell entspricht, wenn auch mit eher quadratischer Grundform, dem sogenannten Spielkartenschema. Der Name ergibt sich aus der üblicherweise langrechteckigen Form mit abgerundeten Ecken. Dies war das „Standardlayout“, wie es durch viele Befunde und auch antike Autoren überliefert ist.

Zwei Hauptstraßen bildeten die Achsen innerhalb des Kastells. Die zwischen den beiden Seitentoren verlaufende *via principalis* gliederte die Kastellfläche in einen vorderen, *praetentura,* und hinteren, *retentura* genannten, Bereich. Die Straße vom Haupttor *(porta praetoria)* zum mittig gelegenen Verwaltungsbau *(principia)* hieß *via praetoria.* Deren Fortsetzung, der Weg vom Verwaltungsgebäude zum rückwärtigen Tor *(porta decumana)*, wurde als *via decumana* bezeichnet. Die *via sagularis*, die Lagerringstraße, befand sich im *intervallum*, dem Bereich zwischen

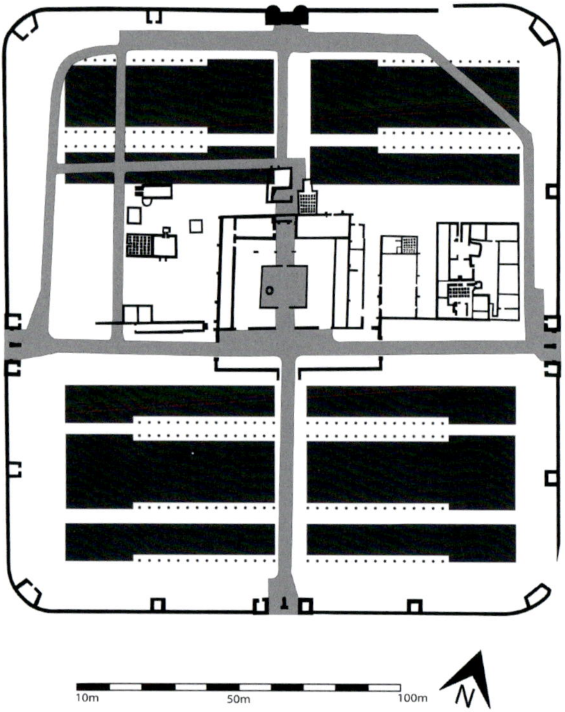

Abb. 28: Vereinfachter Grundriss des Kastells Biriciana mit Grabungsbefunden (schwarz), rekonstruierter Lage der Baracken (grau) und der modernen Wegeführung

der Umwehrungsmauer und dem Beginn der Innenbebauung (**Abb. 28**; s. auch Abb. 20).

Das Verwaltungsgebäude – die *principia* 3

Die *principia* **(Abb. 29)** waren das Herz eines jeden Kastells (s. Abb. 20). Sie lagen an der Kreuzung der beiden Hauptstraßen. In der ersten Bauphase *Biricianas* waren die *principia* vermutlich aus Fachwerk, das auf einem Steinsockel aufsaß, errichtet. Im Zuge des Umbaus wurde der Komplex als massiver Steinbau ausgeführt. Der Neubau war allerdings etwas kleiner als sein

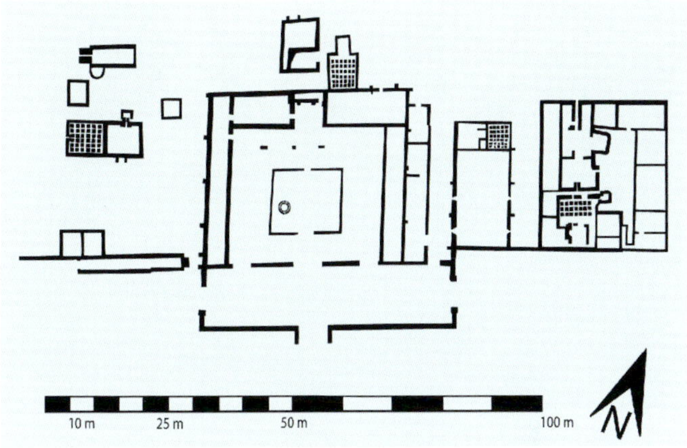

Abb. 29: Der zentrale Bereich des Kastells mit den *principia* (Verwaltungsgebäude) und deren späteren Anbauten in der Mitte

Abb. 30: Virtueller Blick in die Vorhalle (*basilica*) des Verwaltungsgebäudes

Vorgänger. Mit 34,8 x 40,6 m Grundfläche war das Verwaltungsgebäude dennoch der prominenteste Bau innerhalb des Kastells.

Die zwischen den beiden Seitentoren verlaufende *via principalis* führte durch eine den *principia* vorgelagerte Vorhalle (**Abb. 30**). Diese etwa 50 x 11 m große *basilica* diente als Versammlungs- und Exerzierhalle für die Soldaten. Die Vorhalle der Weißenburger *principia* befand sich direkt gegenüber dem Haupttor. Sie lag jedoch nicht ganz zentral, sondern leicht nach Osten

Abb. 31: Virtueller Blick vom Haupttor *(porta praetoria)* über die *via praetoria* auf die Vorhalle des Verwaltungsgebäudes

Abb. 32: 360°-Abrollung der virtuellen Rekonstruktion des Innenhofs der *principia*

Abb. 33: Blick in den virtuell rekonstruierten Innenhof der *principia*.
Der architektonisch hervorgehobene Teil markiert das Fahnenheiligtum.

verschoben, was auf einen späteren Planungsschritt zurückzuführen sein könnte (**Abb. 31**; s. auch Abb. 20). Infolge dessen war auch der Eingang zur Halle, der mit einem Vorbau architektonisch betont wurde, nicht symmetrisch zum Gebäude, sondern zum Haupttor ausgerichtet. Funde belegen, dass das Dach des Gebäudes ziegelgedeckt und die Wände mit einem weißen Verputz versehen waren.

Die Fortsetzung der Querhalle bildete ein Innenhof, der von einem Säulengang *(porticus)* umgeben war (**Abb. 32**). Der ehemals 6,5 m tiefe Brunnen in der Südwestecke des Innenhofs wurde am ursprünglichen Ort nachgebaut (**Abb. 33**). Der heute tiefer liegende Innenhof ist eine Folge der Geländeerhöhung von 1966.

Vom Umgang aus waren korridorartige Räume an der Ost- und der Westseite zu erreichen. Diese langgestreckten Räume – eine Inneneinteilung konnte bei den frühen Grabungen nicht nachgewiesen werden – beherbergten vermutlich Waffen- und Materiallager *(armamentaria)*.

An der Nordseite der *principia* lagen vier Räume. Die äußeren nutzte man vermutlich als Schreibstuben für die Verwaltung des Kastells. Hier wurden Anwesenheitslisten gepflegt, Soldzahlungen quittiert und die dienstliche sowie private Korrespondenz des Kommandeurs und seiner Soldaten geführt. Möglicherweise sorgte ein mit Fußbodenheizung ausgestatteter späterer Anbau für etwas Komfort für die in der Verwaltung tätigen Soldaten.

Der zentrale Raum des Nordtrakts beherbergte das Fahnenheiligtum *(aedes* oder *sacellum)* (**Abb. 34**). Hier waren die Feldzeichen der Einheit sowie mitunter auch ein Bildnis des Kaisers aufgestellt (**Abb. 35**). Auch die Truppenkasse wurde an diesem Ort aufbewahrt. Bei anderen Kastellen regelhaft in einem Keller unter dem Fahnenheiligtum untergebracht, verwahrte man die Kasse in Weißenburg vermutlich in einer kleinen Kammer hinter den Feldzeichen. Es gibt Überlegungen, dass der Raum des Fahnenheiligtums mit einem Gitter abgetrennt war. So wären Feldzeichen und Kaiserbildnis jederzeit sichtbar, aber dennoch vor unbefugtem Zugriff gesichert gewesen.

Generell sind die *principia* von *Biriciana* von vielen Um- und Anbauten geprägt. Während Holz- und Steinbauphase noch relativ gut voneinander abzugrenzen sind, ist dies mit den verschiedenen nachträglich hinzugefügten Gebäudeteilen schwierig. Der als Schreibstube angesprochene, heizbare Raum überlagert die

Abb. 34: Blick auf das Fahnenheiligtum

Abb. 35: Im Inneren des Fahnenheiligtums waren Truppenabzeichen, Altäre und das Bildnis des Kaisers aufgestellt (virtuelle Rekonstruktion)

frühe Bauphase ebenso wie ein direkt westlich davon liegender Bau, der als Speichergebäude gedeutet wird. Leider liegen keine ausreichenden Informationen vor, um die genaue Abfolge aller Baumaßnahmen datieren zu können.

Exkurs: Kaiserkult

Der Kaiser galt nicht direkt als Gott, man bedachte ihn aber mit göttlichen Ehren. Zumeist veranlasste der aktuelle Herrscher, dass sein Vorgänger nach dessen Tode vergöttlicht wurde. Man spricht hier von Divinisierung; er war somit Sohn eines *divus*, eines Göttlichen (im Gegensatz zu *deus* = Gott). Der Kaiser wurde in Form von meist überlebensgroßen Büsten oder Standbildern verehrt. Auch in Weißenburg sind Fragmente von solchen Bronzestatuen gefunden worden und im RömerMuseum ausgestellt. Mit einer Nasenspitze, Teilen des Brustpanzers und des Feldherrenmantels liegen aus dem Kastell und der näheren Umgebung sichere Nachweise für den Kaiserkult vor. Vor allem die beiden Adlerknaufschwerter **(Abb. 36)** sind etwas Besonderes. Es handelt sich um die Griffe von Schwertern, die mit Gefieder und einem Adlerkopf geschmückt sind. Allein der Kaiser und hohe Würdenträger durften damit dargestellt werden. Aufgestellt waren solche Figuren an öffentlichen Plätzen oder zentral in den *principia*. Im Zusammenhang mit einer berittenen Einheit ist die Darstellung des Imperators als Reiter denkbar. So wusste jeder Soldat und Bewohner des Kastelldorfs, wie der Kaiser aussah – ohne ihn jemals zu Gesicht zu bekommen.

Abb. 36: Zwei sogenannte Adlerknaufschwerter, gefunden im Kastell oder *vicus* bzw. nördlich des Kastells

Das Speichergebäude – das *horreum* 4

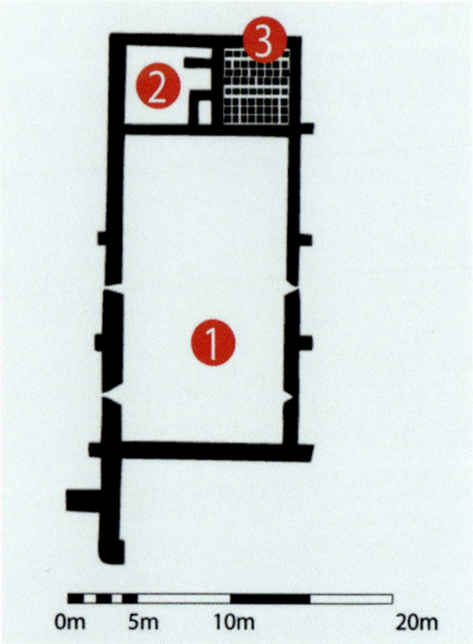

Abb. 37: Grundriss des Getreidespeichers/ *horreum*; 1 = Lagerraum, 2 = Arbeitsraum, 3 = Darre (?)

Ein Teil des Soldes eines römischen Soldaten wurde in Getreide ausbezahlt. Etwa 900 g ungemahlener Weizen standen jedem Mann täglich zu. Antike Autoren berichten davon, dass der Jahresbedarf für die komplette Einheit in einem Kastell bevorratet wurde. Dies entspricht für das Kastell *Biriciana* etwa 150 bis 200 t Weizen. Dazu kommt der Vorrat an Heu und Gerste für die Pferde. Um solche Mengen aufnehmen zu können, besaßen die Kastelle Magazinbauten. Auch in *Biriciana* lässt sich ein solches *horreum* nachweisen **(Abb. 37)**. Es befindet sich direkt östlich bei den *principia* an der *via principalis*. Die Lage direkt an der Hauptstraße ermöglichte eine einfache Belieferung des Speichers **(Abb. 38)**.

Der etwa 25 x 12 m große Bau bildete mit den *principia* und dem *praetorium*, dem Wohnhaus des Kommandanten, eine geschlossene Front (s. Abb. 42). Zur Straße hin befand sich eine Laderampe, über die Fuhrwerke be- und entladen werden konnten. Der Speicher wurde sehr wahrscheinlich schon in der ersten Kastellphase als Steingebäude errichtet und blieb während des Umbaus in der Mitte des 2. Jhs. unverändert. Die

Abb. 38: Ankunft einer Getreidelieferung auf der Saalburg/Hessen. Künstlerpostkarte von Carl Nebel (1904)

Abb. 39: Schnitt durch die virtuelle Rekonstruktion des Speichergebäudes. Gut zu sehen sind der auf Pfeilern ruhende Holzboden sowie die Lüftungsschlitze und Fenster

Mauern des *horreums* waren besonders dick. Möglicherweise trugen sie ein zweites Stockwerk, das von einem Ziegeldach gedeckt war. Zur Belüftung des empfindlichen Speicherguts ruhte der Holzfußboden auf Stützen, die eine Luftzirkulation darunter ermöglichten. Diese Konstruktion schützte das Getreide und

Abb. 40: Funde aus der Zerstörungsschicht des Speichergebäudes. Verkohlte Getreidekörner zeugen vom gewaltsamen Untergang des *horreums*

andere aufbewahrte Lebensmittel vor Schädlingen sowie Pilzbefall. Die Außenwände besaßen im Sockelbereich unterhalb des Fußbodenniveaus Öffnungen, welche die Belüftung unterstützten. Ebenso sorgten Fenster unter dem Dach für einen Luftaustausch **(Abb. 39)**.

Im rückwärtigen Bereich des Gebäudes befanden sich zwei kleinere Räume, von denen einer mit einer Fußbodenheizung *(hypocaustum)* ausgestattet war. Es liegt nahe, diesen als Darre, also einen Raum zum Trocknen von Getreide, anzusprechen.

Bei der archäologischen Untersuchung des Getreidespeichers fand sich eine ca. 30 cm starke Schicht von verkohltem Getreide zwischen verbrannten Balken und rußgeschwärzten Ziegeln **(Abb. 40)**. Dies ist ein deutliches Zeichen dafür, dass das Gebäude nicht mehr geräumt wurde, bevor eine Brandkatastrophe das *horreum* und möglicherweise auch das gesamte Kastell zerstörte.

Wohnhaus des Kommandanten – das *praetorium* 5

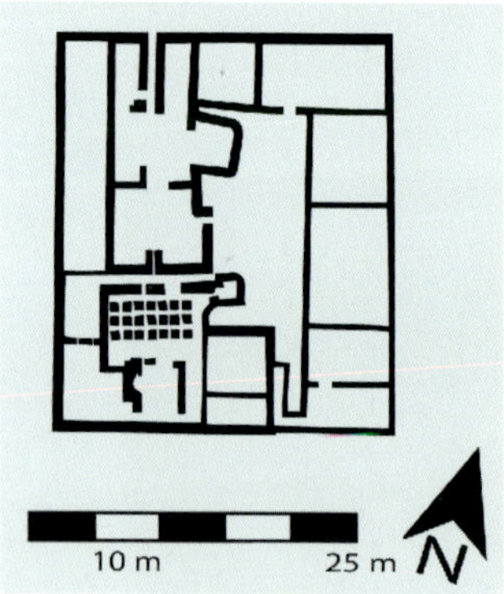

Abb. 41: Grundriss des *praetoriums* mit zum Teil heizbaren Räumen

Bei einem Gebäude, das an der *via principalis* zwischen dem Osttor und dem *horreum* liegt, handelt es sich vermutlich um das Wohnhaus des Kommandanten *(praetorium)* **(Abb. 41)**. Es ist etwa 29 x 26 m groß und besaß viele verschiedene Räume. Da die *Ala I Hispanorum Auriana* eine bedeutende Einheit war, muss ihr Kommandant Mitglied der römischen Oberschicht gewesen sein. Diesem *praefectus alae* stand – verglichen mit normalen Soldaten – ein Vielfaches an Wohnraum zu. Nur ihm war es gestattet, gemeinsam mit seiner Ehefrau, der weiteren Familie sowie Dienern innerhalb des Kastells zu leben. Funde von kosmetischem Gerät sowie von Schmuck für Kinder und Frauen belegen deren Anwesenheit in diesem Kastellbereich. Ein Innenhof sowie mehrere heizbare Räume zeigen den Luxus, den der Alenpräfekt während seiner Dienstzeit genoss **(Abb. 42)**.

Abb. 42: Blick auf das Verwaltungsgebäude (links), den Getreidespeicher (Mitte) und das Wohnhaus des Kommandanten (rechts)

Militärische Kommandos über Hilfstruppen waren wichtige Stufen auf der politischen Karriereleiter. Der Befehl über eine Reitereinheit wurde durch den Kaiser selbst verliehen und war eine der letzten Etappen, bevor man hohe Ämter in der Verwaltung des Imperiums übernehmen konnte.

Unbekannt ist, ob das Gebäude in der Entstehungszeit des Kastells zunächst aus Holz gebaut und erst später in Stein errichtet wurde. Da die Mauern sehr massiv ausgeführt waren, verfügte das *praetorium* vermutlich über ein Obergeschoss.

Einschränkend muss gesagt werden, dass zwar Anordnung und Funktion der Räume an die oft als stadtrömische Peristylhäuser – also mit rechteckigem Hof, umgeben von Säulenhallen – errichteten Kommandantenhäuser anderer Kastelle erinnern; eine absolut sichere Ansprache als ein solches ist jedoch nicht möglich. Ungewöhnliche Ausstattungsmerkmale mancher Räume lassen demnach auch andere Deutungen zu.

Gebäude im westlichen Kastellbereich 6

Ein schwer zu deutender Komplex sind die Strukturen westlich der *principia*. Dieser Bereich ist bei den Ausgrabungen der Reichs-Limeskommission nur unvollständig untersucht worden. Möglicherweise sind nicht alle Gebäudeteile ausgegraben wor-

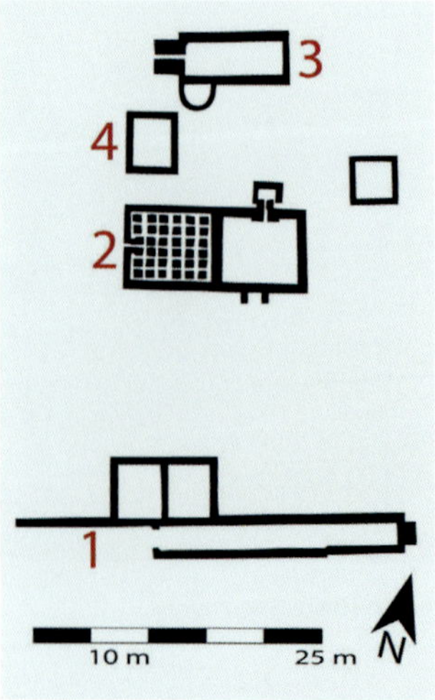

Abb. 43: Gebäude im westlichen Kastellbereich. Sie entstammen unterschiedlicher Zeitstellung und sind nicht sicher einem Verwendungszweck zuzuordnen

den, oder sie waren aus Holz errichtet. Die bekannten Mauerreste zeigen eine Art Korridor, der bei etwas mehr als 2 m Breite über 34 m lang ist (**Abb. 43, 1**). Es könnte sich um eine *porticus*, einen vorgelagerten und überdachten Gang handeln. Er scheint fast entlang der kompletten *via principalis* bis zum Westtor zu verlaufen.

Zwei rückwärtig daran angefügte Räume helfen leider bei der Klärung der Funktion des Gebäudes nicht weiter. Weitere im Bereich hinter dem Korridor liegende Gebäude scheinen nicht alle in der gleichen Planungsphase errichtet worden zu sein. Teilweise sind die Gebäude mit Heizmöglichkeiten (**Abb. 43, 2 u. 3**) ausgestattet oder unterkellert (**Abb. 43, 4**). Datierende Funde aus diesem Bereich fehlen leider. Eine Interpretation als Werkstätte *(fabrica)* oder Lazarett *(valetudinarium)* bietet sich ebenso an wie ein bislang unbekannter Verwendungszweck.

Die Soldatenunterkünfte – die *contubernia* 7

Im Gegensatz zum Truppenkommandeur wohnten die einfachen Soldaten sehr bescheiden. Im Weißenburger Kastell befanden sich insgesamt 14 Baracken. Sie konnten erst 2006 durch geophysikalische Untersuchungen genauer lokalisiert werden: Vier Einzel- und zwei Doppelbaracken lagen in der *praetentura*, zwei einzelne und zwei doppelte in der *retentura*. Die Länge der Bauten beträgt jeweils 65 m. Allgemein geht man davon aus, dass eine Baracke von einer Schwadron Reiter genutzt wurde. Bei einer angenommenen Stärke von 30 Mann für eine solche *turma* ergibt sich eine Belegung von drei Mann pro Stube (**Abb. 44**). Die Pferde waren dabei in einem dem Wohnbereich vorgelagerten Stall untergebracht. Der Hauptmann einer Untereinheit

Abb. 44: Blick in die Stube einer Reiterbaracke

war der *decurio*. Er wohnte in einem größeren, komfortableren Kopfbau am Ende des Gebäudes.

Um Stau- und Wohnraum zu gewinnen, waren die Baracken wahrscheinlich zweigeschossig aufgebaut **(Abb. 45)**. Man muss bedenken, dass hier drei Reiter mit ihren Pferden auf engstem Raum lebten und sicherlich jeder verfügbare Platz zum Lagern von Pferdefutter und persönlicher Ausrüstung der Soldaten genutzt wurde. Auch eine gewisse Zahl an Pferdeknechten ist vorauszusetzen. In der Wohnstube wurde geschlafen, gekocht, die Ausrüstung gepflegt und die Freizeit verbracht.

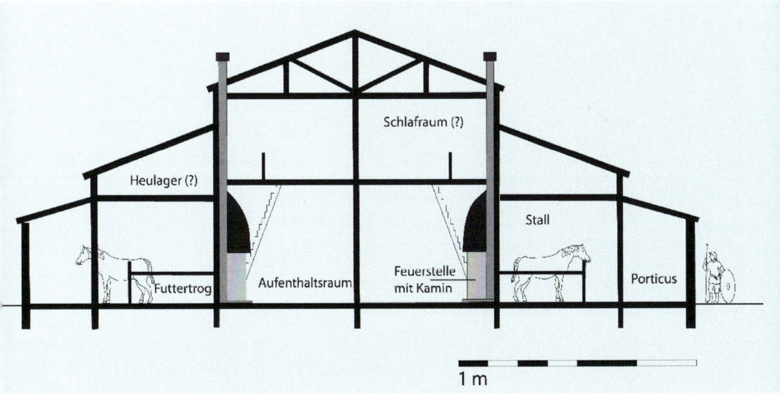

Abb. 45: Schnitt durch die zeichnerische Rekonstruktion einer doppelten zweigeschossigen Reiterbaracke anhand von Befunden aus *Aalen*/Baden Württemberg, wie sie auch für *Biriciana* angenommen werden kann

Die Einheit

Das bereits erwähnte in Weißenburg gefundene Militärdiplom vom 30. Juni 107 n. Chr. **(Abb. 46a)** nennt als Empfänger den Reiter Mogetissa, Angehöriger der *Ala I Hispanorum Auriana* **(Abb. 46b)**. Diese etwa 400 bis 500 Mann starke Einheit wurde ursprünglich, wie der Name verrät, in Spanien ausgehoben. Seit spätestens 69 n. Chr. war sie in der Provinz Noricum stationiert. Einige Jahre später ist sie in Pannonien, größtenteils das heutige Ungarn, belegt. Im Standlager *Aquincum*/Budapest trat vermutlich auch Mogetissa als Reiter in den Dienst der römischen Armee. Im Militärdiplom wird er als Boier bezeichnet, was ihn als Angehörigen eines keltischen Stamms an der Donau charakterisiert. Nichtrömische Bürger erhofften sich nach Ende der Dienstzeit die Verleihung des römischen Bürgerrechtes.

Aufgrund der bekannten Entlassung im Jahr 107 n. Chr. und der im Regelfall 25 Jahre dauernden Dienstzeit dürfte sein Eintritt in die *Ala I Hispanorum* etwa 82 n. Chr. erfolgt sein. Wenige Jahre nach der vermuteten Rekrutierung des Mogetissa wurde die *Ala I Hispanorum* nach Raetien verlegt. In einem Militärdiplom aus dem Jahr 86 n. Chr. ist sie als Teil des Raetischen Heeres nachgewiesen. Stationiert war sie zu dieser Zeit vermutlich in *Submuntorium*/Bürghöfe an der Donau oder in Unterkirchberg. Um 100 n. Chr., spätestens jedoch ab 107 n. Chr., stand die Einheit dann in *Biriciana*, wie das Militärdiplom des Mogetissa erahnen lässt.

Abb. 46 a+b: Militärdiplom des Mogetissa vom 30. Juni 107 n. Chr.

Unklar ist, ob die Einheit ganz oder nur zum Teil in die Partherkriege des Lucius Verus (161–169 n. Chr.) und in der Folge in die Markomannenkriege Marc Aurels (161–180 n. Chr.), insgesamt also etwa für zwanzig Jahre, abgezogen wurde. In der Auflistung der raetischen Truppen in Militärdiplomen der entsprechenden Zeit fehlt die *Ala I Hispanorum*, was für eine komplette Verlegung sprechen würde. Den Standort *Biriciana* könnte die *Cohors IX Batavorum equitata milliaria exploratorum* übernommen haben, falls diese nicht sogar schon früher in Weißenburg die Besatzung stellte. Die *Cohors IX* wird üblicherweise als Stammeinheit des Kastells Ruffenhofen (Lkr. Ansbach) angesehen. In Weißenburg tritt sie als Stifter eines Weihesteins an Jupiter auf **(Abb. 47)**. Dieser wurde 1892 als Spolie*, umgearbeitet zu einer Muttergottesdarstellung auf der Rückseite des Steins, in der St. Andreaskirche gegenüber dem RömerMuseum gefunden.

Da die gesamte Einheit unter Führung ihres Kommandanten *Aelius Bassianus* genannt ist, spricht vieles dafür, dass es sich nicht nur um eine Teilabkommandierung handelte, sondern zumindest ein Großteil der Bataverkohorte* zeitweise in Weißenburg untergebracht war. Vermutlich erbaute sie das 1979 entdeckte Holz-Erde-Kastell „Auf der Breitung" (s. S. 69) am Ostrand der Stadt Weißenburg. Im Alenkastell verblieb vermutlich nur ein kleiner Teil der *Ala I Hispanorum*.

Abb. 47: Weihestein der *Cohors IX Batavorum*, gefunden als Spolie in der St. Andreaskirche: Jupiter, dem Besten und Größten, / geweiht. / Die 9. Kohorte aus Batavern, / teilberitten, tausend Mann stark, bestehend aus Kundschaftern / unter dem Kommando / des Marcus Victorius / Provincialis, / Präfekt, / hat das Gelübde eingelöst, gerne, freudig und nach Gebühr (nach Steidl 2019)

Nach Beendigung der Kriege im Osten des Reiches nahm die *Ala I* ihren Platz in *Biriciana* mutmaßlich wieder ein, auch wenn Hinweise darauf bislang fehlen. In Weißenburg könnte sie bis in die Mitte des 3. Jhs., als der Abzug der Truppen das Ende des Limes einläutete, verblieben sein.

Ein Soldatenleben

„Diese Menschen wurden von euch auf ihre Tauglichkeit geprüft, nach Stämmen geschieden und daraufhin in die Gemeinschaft des herrschenden Volkes eingeführt, nicht ohne die Vorrechte, von denen ich sprach, aber auch nicht so, dass sie die in der Stadt zurückbleibenden Bürger noch beneideten, da sie ja am Anfang nicht die gleiche Rechtsstellung hatten, sondern die Teilnahme am Bürgerrecht als ihren Teil der Ehre empfangen sollten. Nachdem ihr die Krieger auf diese Weise gefunden hattet, schicktet ihr sie an die Grenzen des Reiches, verteiltet sie dort und vertrautet ihnen jeweils einen anderen Abschnitt zur Verteidigung an."

Aelius Aristides, Lobrede auf Rom, 78.

Der antike Autor Vegetius, der im ausgehenden 4. Jh. eine Art Militärhandbuch, das *Epitoma rei militaris*, schrieb und sich hierbei auf früh- und mittelkaiserzeitliche Quellen stützte, beschreibt unter anderem die Auswahl der Rekruten: Für die erste Kohorte der Legionen, also die Besten der Besten, sei eine Mindestgröße von 5 Fuß und 10 Zoll (etwa 170–175 cm) vorgeschrieben. Er schränkte aber ein, dass sie bei Rekruten mit kräftiger Statur auch unterschritten werden durfte. Das Eintrittsalter lag bei etwa 17–22 Jahren.

Für die Auswahl der Auxiliare der Hilfstruppen, wie sie am Limes stationiert waren, mögen diese Auswahlkriterien vermutlich etwas lockerer gehandhabt worden sein. Wichtiger war, dass die neuen Soldaten frei geboren und generell körperlich tauglich waren. Als Bewohner der Provinzen besaßen sie nur eingeschränktes Recht und galten als Ausländer *(peregrini*)*. Nach Absolvierung von 25 Jahren Militärdienst wurden sie mit dem römischen Bürgerrecht, der *civitas*, belohnt. Dieser Anreiz, in die Armee einzutreten, entfiel, als Kaiser Caracalla (211–218 n. Chr.) im Jahr 212 n. Chr. alle Reichsbewohner zu römischen Bürgern erklärte. Regelmäßige Soldzahlungen, Verpflegung und Ausbildung waren jedoch weiterhin gute Gründe, zu den Truppen zu gehen. Das römische Militär war eine Freiwilligenarmee.

Abb. 48: Die drei Reitermasken aus dem Weißenburger Schatzfund. Unterschieden werden können ein orientalischer/weiblicher (links) und ein hellenistischer Typus (Mitte u. rechts)

Zwangsrekrutierungen fanden nur in Notsituationen und Zeiten besonderer Bedrohung statt.

Nach dem Eintritt in die Armee stand für die jungen Soldaten Waffentraining an. Vegetius beschreibt ausführlich, wie schwere Übungswaffen und lange Märsche mit Gepäck und anschließendem Bau eines Marschlagers zur Ausbildung gehörten. Auch erfahrene Soldaten waren von diesen Aufgaben nicht befreit, trainierten aber in geringerem Umfang. Die Ausbildung der Reiter der *Alae** umfasste ebenso den Umgang mit den Waffen und den Kampf zu Pferde.

> **„Für die schwere Reiterei [...] wurden Leute von mindestens 6 Fuß oder wenigstens 5 Fuß 10 Zoll verlangt. [...] wenn Mangel herrscht, muss man nicht so sehr auf die Größe als auf einen kräftigen Wuchs achten. [...] Findest Du Rekruten mit diesen Merkmalen, so ist die Körpergröße nicht mehr entscheidend. Kräftige Rekruten eignen sich besser als große."**
>
> VEGETIUS, EPITOMA REI MILITARIS, 1, 4–6.

Eine wichtige Rolle spielten Reiterturniere, bei denen die Männer ihre Geschicklichkeit beweisen konnten. Oftmals traten bei diesen *hippika gymnasia* zwei Parteien gegeneinander an, die durch verschiedene Farben oder Maskenhelme **(Abb. 48, 49)** unterschieden werden konnten.

Neben der Ausbildung an den Waffen besaßen viele Soldaten auch handwerkliche Fähigkeiten oder wurden darin ausgebildet. So waren Schmiede, Zimmerleute, Maurer, Steinmetze und viele andere Berufe weit verbreitet; eine derartige Handwerkstätigkeit

Abb. 49: Reiter einer *Ala* in Paradeausrüstung, wie sie vermutlich auch in *Biriciana* getragen worden ist

konnte besonders fähigen Soldaten auch eine Befreiung von niederen Arbeiten einbringen. Zumindest als Gehilfen beim Straßenbau, bei der Holzbeschaffung oder als Reiniger der Latrinen wurde wohl jedem Soldaten eine Aufgabe übertragen. Kleinere Bestechungsgelder an den Hauptmann ließen aber schon damals unangenehme Dienste seltener werden.

Abb. 50 a+b: Ziegelstempel mit Nennung der *Ala* [I Hispanorum] *Auriana* mit Umzeichnung

Die römische Armee war der größte Bauunternehmer der damaligen Zeit. Öffentliche Gebäude wie Thermen oder Platzanlagen, Rasthäuser für Boten im kaiserlichen Dienst oder auch das sehr gut ausgebaute Fernstraßennetz wurden von spezialisierten Bautrupps der Legionen oder Hilfstruppen errichtet. Wo die Voraussetzungen günstig waren, stellten die Einheiten auch ihr eigenes Baumaterial in Steinbrüchen, Kalköfen oder Militärziegeleien her. Vor allem die aus Ton gefertigte und mit dem Namen der herstellenden Einheit gestempelte Baukeramik findet sich oft in den archäologischen Hinterlassenschaften auch nichtmilitärischer Siedlungen **(Abb. 50a, b)**.

Typisch militärische Aufgaben wie Patrouille reiten oder Wachtdienst gehörten ebenfalls zu der täglichen Routine der Soldaten. Als Einheit von besonders angesehenem Rang werden die Mitglieder der *Ala I Hispanorum* wahrscheinlich nicht zu den einsamen Wachtdiensten an den Türmen des Limes abkommandiert gewesen sein. Diese Aufgabe fiel vermutlich den Infanterieeinheiten der kleineren umliegenden Kastelle von Theilenhofen,

Oberhochstatt oder Gunzenhausen zu. Die hervorragend ausgebildeten Reiter kamen eher bei Aufklärungsmissionen, Begleitdiensten oder anderen Spezialaufträgen zum Einsatz.

In ernsthafte Kämpfe waren die Soldaten eher selten verwickelt. Im westlichen Bereich der Provinz Raetien war es vor allem im 2. Jh. zumeist friedlich, feindliche Bewegungen waren die Ausnahme. Von den Markomannenkriegen (166–180 n. Chr.) an der mittleren Donau wird die Bevölkerung nur wenig mitbekommen haben. Truppenverlegungen in das Kampfgebiet werden, wie unsere *Ala I Hispanorum* zeigt, jedoch mehrere Kastellorte am Raetischen Limes betroffen haben.

Erst im 3. Jh. häuften sich militärische Konflikte, die sowohl Bedrohungen von außerhalb als auch innenpolitische Ursachen hatten. Die Auswirkungen der innerrömischen Kämpfe und die immer heftiger in römisches Reichsgebiet drängenden germanischen Verbände führten schließlich Mitte des Jahrhunderts zur Aufgabe des Gebiets nördlich der Donau.

Wer seine Dienstzeit überlebte, was in Friedenszeiten die Regel war, freute sich nach Ablauf derselben über die Auszahlung seines angesparten Entlassungsgeldes, das einem Mehrfachen des Jahressoldes entsprach. Besonders befähigte Soldaten konnten als *evocatus* ihre Dienstzeit verlängern, was sicher mit deutlichen Solderhöhungen verbunden war. Das wirkliche Ziel der Soldaten war jedoch – zumindest bis zu Beginn des 3. Jhs. – das Militärdiplom. Es bezeugte in einer Abschrift der in Rom aufgelisteten Verfügung des Kaisers die Verleihung des römischen Bürgerrechts an den ehrenhaft entlassenen Soldaten sowie das Recht, eine nun nach römischem Recht gültige Ehe zu führen *(ius conubii)*.

Mit dem Entlassungsgeld und dem Bürgerrecht ausgestattet, konnte der Veteran eine Karriere im zivilen Leben beginnen. Er war nun etwa 40 bis 50 Jahre alt und befand sich dank seiner Ausbildung und der guten Versorgung während der Militärzeit in guter körperlicher Verfassung. Als Handwerker oder Gastwirt im *vicus* oder als Pächter eines vor dem Kastelldorf liegenden Landgutes standen ihm viele Möglichkeiten offen. Auch für eine Rolle in der Lokalpolitik konnte er sich als römischer Bürger nun bewerben.

Exkurs: Legionen und Auxilien

Entgegen dem weit verbreiteten Bild waren es keine Legionäre, die in den Kastellen am Limes und in den Wachttürmen ihren Dienst versahen. Die Einheiten an der Grenze gehörten zu den Hilfstruppen, den *auxilia*. Dies waren Verbände, die als *numerus** (vermutlich etwa 100–200 Mann Infanterie), *cohors** (etwa 500 Mann Infanterie) oder *ala** (etwa 500 Mann Kavallerie) bezeichnet wurden. Kohorten und Alen konnten auch in doppelter Stärke als *cohors* bzw. *ala milliaria* mit etwa 700 bis 1000 Soldaten aufgestellt werden. Die Männer in diesen Einheiten besaßen in der Regel kein römisches Bürgerrecht. Als Auszeichnung für die Absolvierung des üblicherweise 25 Jahre dauernden Militärdienstes wurde ihnen dieses erst verliehen.

Die Truppen wurden in den Provinzen rekrutiert und nach dem Gebiet ihrer Herkunft benannt. Die Reitereinheit aus Weißenburg *(Ala I Hispanorum Auriana)* stammte ursprünglich aus Spanien, während beispielsweise die Pfünzer *Cohors I Breucorum* aus dem Volk der Breuker im westlichen Balkan ausgehoben wurde und die *Cohors III Bracaraugustanorum* aus dem benachbarten Kastell Theilenhofen aus Braga (*Braca Augusta*), Nordportugal, stammte. Der Beiname *Auriana* ist unbekannten Ursprungs, er könnte sich auf den ersten Kommandanten oder eine Auszeichnung beziehen. Oftmals spielten regionale besondere Fähigkeiten der Soldaten bei der Entscheidung eine Rolle, welche Art von Truppenverband diese Völker stellten. Andere Truppen in Raetien stammten beispielsweise ursprünglich aus dem Gebiet des heutigen Bulgarien, Großbritannien oder Frankreich. Recht bald wird man dazu übergegangen sein, die Verbände mit örtlichen Rekruten aufzufüllen, so dass nach einigen Jahren nur mehr der Name an die ursprüngliche Herkunft erinnerte. Die Befehlshaber der Raetischen Infanterieeinheiten wurden vom Statthalter der Provinz, die der Reitereinheiten durch den Kaiser ernannt.

Die Legionen hingegen waren Elitetruppen in der römischen Armee. Jeder Rekrut musste bereits bei Eintritt das römische Bürgerrecht besitzen. Aus diesem Grund wurden die Legionen zumeist im italischen Kernland oder in schon lange existierenden Provinzen ausgehoben oder aufgefüllt. Bis in die 170er-Jahre n. Chr. war in Raetien keine Legion stationiert.

Erst die Markomannenkriege machten es nötig, in Regensburg ein Legionslager für die rund 5500 Soldaten der kurz zuvor aufgestellten *Legio III Italica* zu errichten. In veränderter Struktur verblieb diese dort bis zur Mitte des 5. Jhs.

Abb. 51 b: Legionäre (links) beim Anlegen einer Verteidigungsanlage. Hier auf der Traianssäule sind sie mit Schienenpanzern dargestellt. Auf den Pferden Auxiliarsoldaten mit Kettenhemden

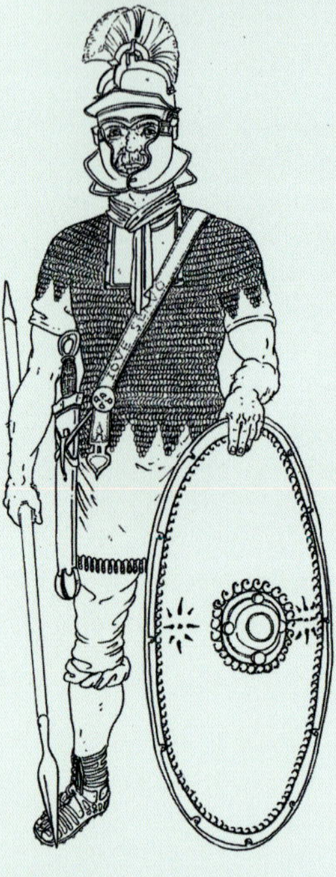

Abb. 51 a: Auxiliarsoldat aus der Zeit um 200 n. Chr. mit Ovalschild, Helm, Kettenhemd, Lanze und Schwert

Die Bewaffnung beider Truppenarten unterschied sich nicht sehr **(Abb. 51, 52)**. Typisch für die Legionäre war das sogenannte *scutum*, ein rechteckiger, den Großteil des Körpers bedeckender Schild, sowie das *pilum*, ein schwerer Wurfspeer.

Bei den Hilfstruppen waren die Soldaten gemäß ihrer Einsatzbereiche gerüstet. Neben spezialisierten Verbänden, wie Bogenschützen oder Schleuderern, war es vor allem die römische Reiterei, die sich aus *auxilia* zusammensetzte.

Lange Stoßlanzen und kurze Wurfspeere (*hasta* und *iaculum*) sowie ein ovaler Schild *(parma)* kennzeichnen die Hilfstruppensoldaten. Sie trugen, wie auch die Legionäre, Eisen- oder Bronzehelme sowie eine Körperpanzerung. Oft werden Kettenhemden eher den Hilfstruppen und Schienenpanzer den Legionären zugeordnet. Funde belegen aber, dass es

Abb. 52 b: Legionäre (Bildmitte) bei der Getreideernte. Auxiliarsoldaten in Kettenhemden (rechts und links der Szene) halten Wacht. Ganz links ein Bogenschütze der Hilfstruppen in orientalischer Tracht. Im Hintergrund ein befestigtes Lager mit Zelten

hier keine feste Regel gab. Auch Schuppenpanzer sind für beide Truppenarten belegt. Etwa bis zum Ende des 2. Jhs. führten römische Infanteriesoldaten das Kurzschwert *(gladius)*, das dann allmählich vom Langschwert *(spatha)* abgelöst wurde, welches die Reiter aufgrund der besseren Reichweite bereits früher standardmäßig trugen.

Eine Uniformierung im heutigen Sinne war unbekannt, vielmehr bestimmten Geschmack und Geldbeutel die Ausrüstung des Einzelnen. Möglicherweise kennzeichneten jedoch eine einheitliche Schildbemalung und ein gleicher Farbton der Bekleidung zusammengehörige Einheiten.

Abb. 52 a: Legionär aus der Zeit um 200 n. Chr. mit Rechteckschild, Schuppenpanzer, Helm und Lanze

Abb. 53: Szene aus dem Film „Macht, Pracht, Untergang“. Der *vicus Biricianas* geht in einem großen Brand unter

Das Ende des Kastells *Biriciana*

Die Präsenz des römischen Militärs im Weißenburger Raum dauerte etwa 150 Jahre. Im Verlauf des 3. Jhs. häuften sich Konflikte an der Grenze. Diese konnten zunächst militärisch und diplomatisch behoben werden. Truppenabzüge in Auseinandersetzungen verschiedener Thronanwärter oder in andere Grenzregionen im Osten des Reiches destabilisierten den Limes und sein Verteidigungssystem jedoch weiter. Die nahezu entblößte Grenze konnte schließlich von den wenigen verbliebenen Truppen nicht gehalten werden.

Vermutlich im Frühjahr 254 n. Chr. überschritten germanische Verbände den Raetischen Limes. Fast alle zivilen und militärischen Einrichtungen nördlich der Donau fielen diesen Zügen zum Opfer. Auch das Weißenburger Kastell mit seinem *vicus* **(Abb. 53)** wurde vermutlich vollständig zerstört. Brandspuren in Kastell und Siedlung sind ein deutliches Zeichen hierfür. Auch mehrere Skelettfunde in den Überresten des Kastells zeugen vom gewaltsamen Ende *Biricianas*.

Ein in der westlichen Toranlage vergrabener Münzschatz beinhaltet als die am spätesten geprägte Münze einen Antoninian* aus dem Jahr 253 n. Chr. Die Verbergung steht höchstwahrscheinlich mit einem Angriff auf das Kastell in Verbindung. Der

Abb. 53a: Im Bereich des ehemaligen Vicus wurden bei Grabungen mehrere Gebäude, Brunnen und Keller freigelegt. Sie sind teilweise bei den Parkplätzen an den Thermen rekonstruiert worden

Fund von großen Mengen verkohlten Getreides im Speichergebäude (s. Abb. 40) zeigt zudem, dass der Überfall vermutlich überraschend kam: Der Kastellbesatzung blieb keine Zeit, die Vorräte in Sicherheit zu bringen.

Ob sich die Soldaten und die Bewohner der Siedlung vor den heranstürmenden Germanen retten konnten oder ob sie bei den Überfällen ums Leben kamen, kann heute nicht mehr entschieden werden. Ein Wiederaufbau der römischen Strukturen fand jedoch nicht mehr statt.

EIN KASTELLDORF AM LIMES

Der Vicus

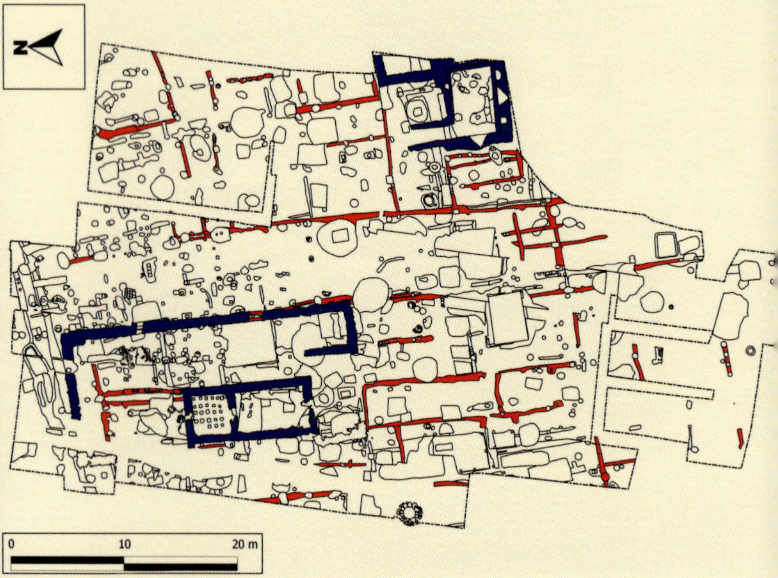

Abb. 54: Grabungsplan eines Teils des *vicus* von Weißenburg. In Rot sind die Überreste der Holzgebäude, in Blau die der Steingebäude dargestellt

Gleichzeitig mit dem Entstehen des Kastells entwickelte sich vor dessen Toren eine Zivilsiedlung *(vicus)* **(Abb. 54)**. Aus topographischen und wohl auch strategischen Gründen lag der *vicus* vor allem im Süden und Westen des Kastells entlang dessen Ausfallstraßen, die sich als Fernverbindungen nach *Aelia Augusta*/Augsburg, *Vetoniana*/Pfünz und *Mediana*/Gnotzheim fortsetzten. Die Bevölkerung eines Kastellvicus war zum Großteil von der Besatzung eines Kastells abhängig. Es konnten Familienangehörige der Soldaten oder aber Handwerker und Händler sein, deren Existenzgrundlage die Geschäftsbeziehungen zum Militär und den zahlungskräftigen Soldaten bildeten. Oft lebten auch Veteranen im *vicus*, die ihre guten Verbindungen zur Truppe nun im zivilen Leben nutzten.

Die Bebauung innerhalb des Kastelldorfs bestand zumeist aus sogenannten Streifenhäusern. Dies waren langgezogene Wohngebäude, die mit der Schmalseite auf die Straße ausgerichtet waren. Im vorderen Teil waren häufig Läden untergebracht, während die Familie im hinteren Bereich oder im Obergeschoss wohnte. Holz- oder Steinkeller befanden sich in fast jedem Haus. Viele Betriebe hatten im rückwärtigen Teil des Grundstücks ihre Werkstätten. Eisenverarbeitung, Töpfereien, Knochenschnitzer oder Textil- und Lederverarbeitung sind für *Biriciana* belegte Handwerkszweige. Brunnen und Latrinen sind häufig nachweisbar, auch ein kleiner Garten zur Selbstversorgung konnte hinter den Häusern angelegt sein. Zunächst in Holz-Fachwerk ausgeführt, wurden auch die Streifenhäuser *Biricianas* um die Mitte des 2. Jhs. zumindest teilweise in Stein ausgebaut.

Das Kastelldorf bot den Militärangehörigen viele Annehmlichkeiten, um sich nach Feierabend vom Dienst abzulenken. Wirtshäuser, oftmals ausgestattet mit Personal für einsame Soldaten, luden zum Essen, Trinken, Spielen und Feiern ein. Badegebäude dienten der Körperpflege und dem gesellschaftlichen Leben – man traf sich zum Reden und zum Sport, wobei man den allerneuesten Tratsch erfuhr.

Die Schätzungen zur Bevölkerungsgröße schwanken teilweise erheblich. Je nach Berechnungsgrundlage können für die etwa 30 ha Fläche des Weißenburger Kastellvicus 1000 bis 4000 Bewohner vermutet werden. Der Großteil des *vicus* wurde allerdings unbeobachtet überbaut. Seit den 1980er-Jahren konnten verschiedene Grabungen schlaglichtartige Einblicke in die Siedlungsstruktur liefern.

Von anderen Kastellplätzen am Limes sind öffentliche Plätze für Märkte und Versammlungen, Heiligtümer und selten Theater sowie Amphitheater bekannt und könnten auch in *Biriciana* bestanden haben – auch wenn sie bislang unentdeckt blieben.

Wie bei römischen Siedlungen üblich, lagen die Gräberfelder wahrscheinlich entlang der Ausfallstraßen der Siedlung, außerhalb der bebauten Fläche. Bestattungen innerhalb des Wohngebiets waren nach römischem Recht verboten, so dass man mit der Kenntnis der Friedhöfe gleichzeitig auch die maximale Ausdehnung des *vicus* nachweisen könnte. Die zu *Biriciana* gehörenden Gräberfelder wurden noch nicht lokalisiert. Ein römischer Grabstein **(Abb. 55)** war in Zweitverwendung in der St. Andreaskirche verbaut. Der Bestattete hieß Victor und war Soldat in der *turma* des Martinus. Er war also höchstwahrscheinlich Angehöriger der Besatzung *Biricianas*.

Abb. 55: Grabstein des Victor, einem *curator* (Zahlmeister) aus der *turma* (Reiterschwadron) des Martinus

Die Thermen

In *Biriciana* befand sich eine der größten bekannten Thermenanlagen Süddeutschlands **(Abb. 56)**. Etwa 200 m westlich des Kastells gelegen, wurde sie 1977 beim Bau von Reihenhäusern entdeckt und vollständig freigelegt. Aufgrund der außergewöhnlichen Größe sowie des bemerkenswert guten Zustands der bis zu 2,5 m hoch erhaltenen Architekturreste beschloss man, die einzigartige Thermenanlage zu konservieren. Unter einem architektonisch interessanten Schutzdach ist das etwa 65 x 42,5 m große Badegebäude heute zu besichtigen.

Das Empfangsgebäude als „Tor zum römischen Weißenburg" beherbergt die Kasse sowie einen kleinen Museumsshop. Zusammen mit dem im Vorraum ausgestrahlten Doku-Drama „Macht, Pracht, Untergang" können sich Besucher der römischen Thermen in die Zeit des Kastellortes *Biriciana* mit seinem prächtigen Badegebäude versetzen lassen.

Die Thermen bestanden vermutlich seit der Gründung des Kastells. Mehrere Ausbaustufen lassen sich für das Bad feststellen: Zunächst als einfaches Bad geplant und vermutlich für die Kastellbesatzung erbaut, bestand es aus wenigen Räumen mit hölzernen Anbauten. Schon früh wurde es jedoch erweitert und zusätzliche Einrichtungen wie eine überdachte „Sporthalle" sowie ein Schwitzbad angefügt.

In einer größeren Umbauphase in der Mitte des 2. Jhs. wurde das Gebäude vollständig in Stein ausgebaut und dabei vergrößert **(Abb. 57)**. Eine Zerstörung durch einen Brand kann durch Münzfunde in die Zeit um 167/168 n. Chr. datiert werden. Ein früher postulierter Zusammenhang mit den Markomannenkriegen

Abb. 56: Die Ausgrabungen der römischen Thermen können unter einem architektonisch bemerkenswerten Schutzbau in der Nähe des Kastells besichtigt werden

Abb. 57: Die Thermen von *Biriciana* in der Mitte des 2. Jhs. in einer virtuellen Rekonstruktion

darf ausgeschlossen werden. Die Gründe für die Brandkatastrophe dürften vielmehr in der Natur der Sache liegen – schließlich waren mehrere Feuerstellen und Unmengen Holz nötig, um ein Gebäude dieser Größe kontinuierlich heizen zu können.

Größer und prachtvoller gestaltete sich der Wiederaufbau nach 180 n. Chr. In einem großen Hallenbau *(basilica)* konnten die Besucher sportlicher Betätigung nachgehen; weitere Baderäume wurden zum Entspannen und für soziale Kontakte genutzt. Einige Räume wurden, wie auch heute noch zu sehen, mit Solnhofener Kalksteinplatten verkleidet und boten somit exquisiten Badeluxus in der Provinz. Nach Ausweis der Funde existierte das Gebäude bis in die Mitte des 3. Jhs., als es vermutlich mit der gesamten Siedlung zerstört wurde.

Zwei weitere Gebäude mit Baderäumen wurden in der näheren Umgebung gefunden. Bei einem Gebäude handelt es sich um einen Komplex, der heute durch den Spielplatz bei den Thermen überbaut ist. Aufgefunden und als Kastellbad interpretiert wurde das Gebäude bereits 1926. Eine genauere Untersuchung der Gebäudereste weist jedoch auf eine Nutzung als Unterkunftshaus hin, das mit gehobener Ausstattung möglicherweise öffentlichen Beamten und höhergestellten Reisenden vorbehalten war.

Noch schlechter ist der Forschungsstand zu einem ebenfalls 1977 entdeckten, vor der Nordwest-Ecke des Kastells liegenden Gebäude: Auch hier lassen sich Baderäume erkennen. Möglicherweise handelt es sich dabei um die luxuriöse Ausstattung eines Privathauses.

Der westliche Bereich des Kastelldorfs wurde aufgrund der Häufung der Gebäude mit Badeeinrichtung bereits als „Bäderviertel" bezeichnet. Die Lage in der Nähe der nördlich verlaufende Schwäbischen Rezat, über die wahrscheinlich die Wasserver- und -entsorgung erfolgte, bot vermutlich die besten Bedingungen, um entsprechende Bauten zu errichten und zu betreiben.

DAS UMFELD VON BIRICIANA

Das Kastell „Auf der Breitung"

Abb. 58: Luftbild des Kastells „Auf der Breitung" von 1977. Deutlich zu erkennen ist der doppelte Graben in der Bildmitte

Am östlichen Rand der Stadt Weißenburg, 1,6 km vom Kastell *Biriciana* entfernt, wurde 1976 mit Hilfe der Luftbildarchäologie ein weiteres Kastell entdeckt **(Abb. 58)**. Von 1979 bis 1991 erfolgte in mehreren Kampagnen dessen nahezu vollständige Ausgrabung. Die leicht schiefwinkelige Anlage von etwa 240 x 160 m besitzt eine Innenfläche von 3,0 ha. Das Kastell war von einer Rasensodenmauer mit hölzerner Brustwehr umgeben und besaß vier Tore. Zwei Gräben waren der Anlage vorgelagert. Vor jedem Tor befand sich ein *titulum*, ein zusätzlicher kurzer Graben, der den Eingang absicherte. Die Innenbebauung bestand aus 16 leichten Baracken in Holzbauweise. Verwaltungs- oder Speichergebäude ließen sich nicht feststellen.

Die Bauweise des Lagers sowie die Funde sprechen dafür, dass die Anlage nur kurzzeitig – nach neuester Interpretation vermutlich nach der Mitte des 2. Jhs. – genutzt wurde. Möglicherweise lag in ihr für einige Jahre die erwähnte *Cohors IX Batavorum*, während die *Ala I Hispanorum* in den Osten des Reiches abkommandiert war. Das Holz-Erde-Kastell „Auf der Breitung" ist heute mit dem Klinikum Altmühlfranken überbaut.

Gutshöfe *(villae rusticae)*

Die Kastelldörfer entlang des Raetischen Limes waren nicht auf Selbstversorgung oder gar Überschusswirtschaft ausgelegt. Wie auch die Kastelle bedurften sie ständiger Lebensmittellieferungen. Die Produktion von Nahrungsmitteln erfolgte hauptsächlich durch die landwirtschaftlichen Betriebe *(villae rusticae)* im Hinterland des Limes. Nicht umsonst gliederte man bei der Anlage der Grenzlinie die fruchtbaren Gebiete des Nördlinger Rieses oder des Altmühltals in das Provinzgebiet ein **(Abb. 59)**.

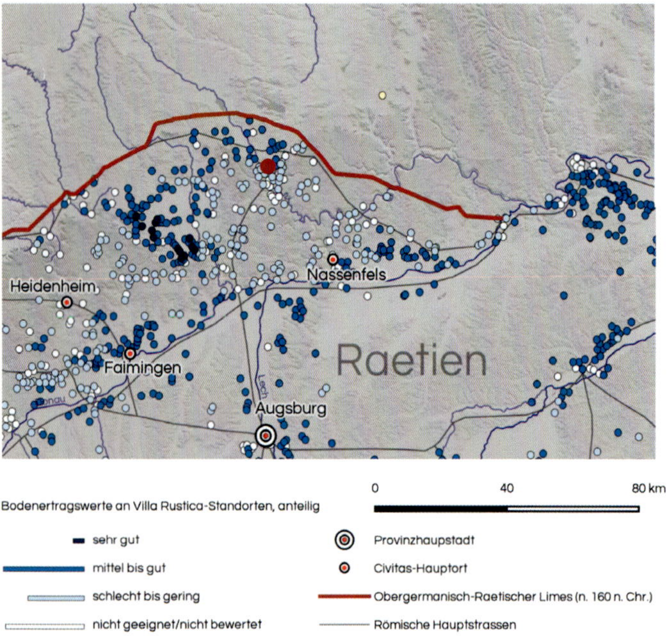

Abb. 59: Verbreitung der *villae rusticae* in der Provinz Raetien mit einer Kartierung der Bodengüte. Der rote Punkt markiert die Lage von Weißenburg

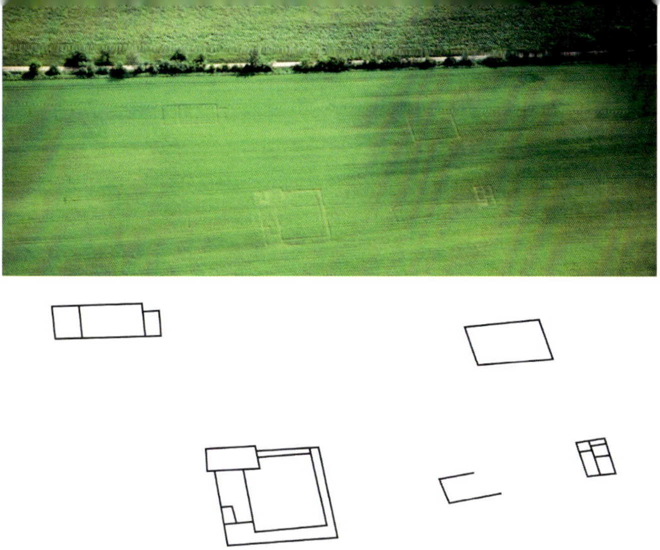

Abb. 60 a und b: Die Mauern des römischen Gutshofs „Am Markhof" bei Weißenburg – hier im Luftbild und als Umzeichnung – zeichnen sich deutlich im Getreidefeld ab. Zentral liegt das Hauptgebäude

Das Umland von *Biriciana* war durch mehrere kleine und mittelgroße Gutshöfe besiedelt. Vor allem entlang der Schwäbischen Rezat und im Altmühltal finden sich viele dieser bäuerlichen Betriebe. Auch auf dem Weißenburger Stadtgebiet sind bislang mehrere Fundstellen bekannt. Als exemplarisch lässt sich die *villa rustica* im „Augenschaftsfeld" im Süden von Weißenburg bezeichnen. Das relativ kleine Wohngebäude mit gerade einmal sechs Räumen und einem Innenhof war nur zum Teil massiv in Stein gebaut. Andere Bereiche dürften mit Holzfachwerk auf einem Steinsockel errichtet gewesen sein. Zwei mit Fußbodenheizung ausgestattete Räume zeugen von bescheidenem Komfort. Ein eigenes Badegebäude sowie Wirtschaftsgebäude sind nicht bekannt. Bei den Ausgrabungen gefundene militärische Ausrüstungsgegenstände könnten darauf hinweisen, dass es sich bei dem Eigentümer um einen ehemaligen Soldaten *Biricianas* handelt. Bekräftigt wird die Vermutung durch eine eingepunzte Inschrift auf einem Bronzeknopf, die eine *turma* (Reiterschwadron) nennt.

Wenige hundert Meter südlich davon – und somit beispielhaft für die dichte Bebauung des Umlandes von *Biriciana* – konnte der Gutshof „Am Markhof" in Luftbildaufnahmen entdeckt werden **(Abb. 60a+b)**. Bei Ausgrabungen wurden mehrere Gebäude, ein Erdkeller sowie eine Umfriedung, möglicherweise als

Abb. 61: Das rekonstruierte Hauptgebäude der *villa rustica* von Treuchtlingen-Weinbergshof aus der Luft

Palisade ausgeführt, untersucht. Etwas größer als die Anlage im „Augenschaftsfeld" dimensioniert, gehört diese *villa* dennoch zu den kleineren ihrer Art.

Prächtiger stellt sich dagegen die *villa rustica* von Treuchtlingen-Weinbergshof dar **(Abb. 61)**. Mit ihrer repräsentativen Fassade und zwei mit einem Säulengang verbundenen Ecktürmen, sogenannten Risaliten, zeugt die Anlage vom Wohlstand der Besitzer. Das Hauptgebäude mit mehreren Nebengebäuden und einem Bad gehörte möglicherweise ebenfalls einem ehemaligen Soldaten, was entsprechende Funde andeuten. Von einem ähnlichen Typus ist die Villa von Treuchtlingen-Schambach, bei der sogar eine das Hofareal umgrenzende Mauer nachgewiesen werden konnte. Ein Modell dieser Anlage ist im RömerMuseum ausgestellt.

WAS HEUTE BLEIBT

Ausgegraben, konserviert und wieder aufgebaut – der archäologische Park

Das Kastellgelände ist mit dem Nachbau der *porta decumana* und der teilweise wiedererrichteten Umfassungsmauer als archäologischer Park gestaltet. Eine nicht komplett auf den originalen Kastellstraßen beruhende Wegeführung leitet den Besucher zu allen sichtbaren Strukturen und Nachbauten. Sieben Hinweistafeln mit unterschiedlichen Themen bieten dem Besucher Informationen zum römischen Kastell. Dabei werden die römische Grenzsicherung generell, die Forschungsgeschichte zum römischen Weißenburg, die *Ala I Hispanorum* sowie einzelne Gebäudeteile erläutert und erklärt.

Besonders beeindruckend ist das 1990 als Nachbau errichtete Nordtor. Zusammen mit dem wiederausgehobenen inneren Graben der ursprünglich drei Verteidigungsgräben zeigt es die einstige Größe der Anlage. Der Nachbau beruht allerdings auf dem damaligen Forschungsstand. Neue Untersuchungen zu Kastelltoren haben ergeben, dass diese vermutlich höher waren als hier dargestellt. Ein weiteres Stockwerk, wie es eine Computerrekonstruktion des Baus zeigt (s. Abb. 22), ist nach neuesten Erkenntnissen wahrscheinlich. Ein weißer Verputz mit rotem Fugenstrich wäre ebenfalls für das römische Bauwerk zu ergänzen. Diese Gestaltung wurde jedoch nur teilweise am westlichen Torturm angebracht, um die Konstruktionsweise mit hellen Kalksteinen sichtbar zu lassen (s. Abb. 27).

In römischer Tradition ist über der Tordurchfahrt eine Bauinschrift angebracht **(Abb. 62)**. Sie lautet:

DECURIONES HUIUS CIVITATIS ANNO A U C MMDCCXLIII	Der Rat dieser Stadt hat im Jahr 2743 nach Gründung der Stadt [gemeint ist Rom]
HANC PORTAM DECUMANAM A FUNDAMENTIS RESTITUERUNT	dieses rückwärtige Tor von den Grundmauern wiederaufgebaut

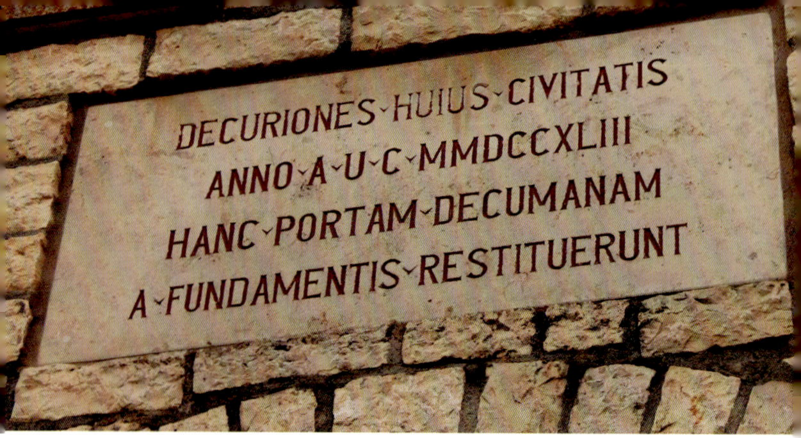

Abb. 62: Die Bauinschrift über der Tordurchfahrt des nachgebauten Nordtores von *Biriciana*

Decurionen (nicht zu verwechseln mit den ebenfalls *decurio* genannten Reiterhauptmännern) waren in römischer Zeit die Ratsherren der Siedlungen. Somit passt der Begriff gut für den Rat der Stadt Weißenburg i. Bay., der den Wiederaufbau genehmigte. Die Jahreszählung AUC = *ab urbe condita* (seit Gründung der Stadt) geht auf das mythische Gründungsdatum der Stadt Rom zurück, das schon in der Antike in das Jahr 753 v. Chr. gelegt wurde. Diese Zählweise wurde hauptsächlich im religiösen Bereich verwendet. Üblicher war die Jahresangabe nach den jährlich wechselnden Konsuln, deren Abfolge sich bis zur Zeit der Gründung der Republik im Jahr 508 v. Chr. annähernd komplett überliefert hat.

Die Umfassungsmauer des Kastells wurde nach der ebenerdigen Visualisierung durch Steinplatten in den 1960er-Jahren in mehreren Baumaßnahmen 2007/08 bis zu einer Höhe von etwa 90 cm wieder aufgemauert. Sie ergänzt den Tornachbau und bietet dem Besucher so vor Ort einen Eindruck der Ausmaße des Kastells.

Ein ungewöhnlicher Versatz im Verlauf der nördlichen Mauer zwischen Nordtor und der Nordost-Ecke geht auf einen Fehler bei den Ausgrabungen um 1900 zurück: Man legte nur die Oberfläche der Mauern frei und arbeitete an ihnen entlang. An dieser Stelle wurde jedoch fälschlicherweise ein Versturz für die Wehrmauer gehalten, und die Ausgräber folgten diesem. Der Fehler wurde lange nicht erkannt, und so beziehen sich alle Aufmauerungen und Visualisierungen seitdem auf die Ungenauigkeit der frühen Ausgräber.

Seit 2015 findet auf dem Kastellgelände das „Römerfest Biriciana" statt, das im Zwei-Jahres-Rhythmus die Zeit am Limes durch Reenactment-Gruppen und ein Programm für Groß und Klein erlebbar werden lässt (s. vordere Umschlaginnenseite).

Das Kastell *Biriciana* – Teil des UNESCO-Welterbes

Der Obergermanisch-Raetische Limes, der auf 550 km Länge in den Bundesländern Rheinland-Pfalz, Hessen, Baden-Württemberg und Bayern verläuft, ist seit 2005 Teil des UNESCO-Welterbes **(Abb. 63)**. Bereits 1987 erhielt der Hadrianswall in Großbritannien diesen Status verliehen. 2005 erfolgte für den Obergermanisch-Raetischen Limes als Erweiterung zum Hadrianswall die Eintragung in die Welterbeliste. Beide bildeten fortan die gemeinsame, serielle und transnationale Welterbestätte „Frontiers of the Roman Empire – Grenzen des Römischen Reiches". Als Ergänzung wurde 2008 der Antoninuswall, ebenfalls in Großbritannien (Schottland) gelegen, hinzugefügt. Es ist beabsichtigt,

Abb. 63: In jedem Bundesland, durch das der Limes verläuft, gibt es an einem für den Limes wichtigen Ort eine solche Bronzetafel. Die bayerische Tafel befindet sich an der Außenwand des RömerMuseums Weißenburg

alle Teile der ehemaligen römischen Grenze als Welterbe eintragen zu lassen. Dabei sollen sowohl befestigte Landgrenzen, wie der Obergermanisch-Raetische Limes, als auch Flussgrenzen Berücksichtigung finden.

Zum UNESCO-Welterbe in Weißenburg gehören das Kastellgelände, die römischen Thermen sowie die Fläche der Zivilsiedlung. Auch das Kastell im Ortsteil Oberhochstatt sowie ein dort befindlicher Abschnitt des Limes gehören zum Welterbe auf dem Gebiet der Stadt Weißenburg i. Bay. Das RömerMuseum mit den ausgestellten Funden ist selbst allerdings kein Welterbe. Diese Bezeichnung gilt nur für die im Boden verborgenen oder freigelegten Überreste des Limes und die dazugehörigen Anlagen. Der Definition des Welterbes nach können bewegliche Funde – auch wenn sie von solcher Bedeutung sind wie der Weißenburger Schatzfund – kein Welterbe sein.

Weitere Informationen zum Thema Welterbe und dem Welterbe „Grenzen des römischen Reiches" finden Sie im Bayerischen Limes-Informationszentrum, das im Erdgeschoss des RömerMuseums eingerichtet ist. Es ist kostenfrei zu den Öffnungszeiten der Tourist-Information zugänglich und bietet den perfekten Start für den Besuch des römischen Weißenburg.

Das RömerMuseum Weißenburg

Das RömerMuseum in der Weißenburger Altstadt ist das Schwerpunktmuseum für den Limes in Bayern und beherbergt einige der wichtigsten Funde der bayerischen Kastellplätze am Raetischen Limes **(Abb. 67)**. Es ist ein Zweigmuseum der Archäologischen Staatssammlung München, die es anlässlich des 1979 entdeckten und 1980 vom Freistaat Bayern angekauften Schatzfundes als Römermuseum im damaligen Heimatmuseum einrichtete. Nach der Eröffnung 1983 wurde es von 2014 bis 2017 komplett saniert und barrierefrei ausgebaut. Die Ausstellung wurde ebenfalls neu konzipiert. Heute ist es eines der modernsten Römermuseen Bayerns.

Im ersten Obergeschoss werden das Leben am Limes und der Alltag der Bevölkerung dargestellt **(Abb. 65)**. Typisch für einen Kastellort nimmt das Militär eine prominente Rolle ein: Wie war die Grenzverteidigung organisiert, welche Kontakte in das *Barbaricum* gab es? Die Ausrüstung der Soldaten wird anhand von hochwertigen Funden erläutert, so zum Beispiel dem Reiterhelm aus Theilenhofen. Ein großes Modell zeigt die Ausdehnung

Abb. 64: Der Weißenburger Schatzfund, bestehend aus 114 Einzelteilen, wurde 1979 bei Gartenarbeiten entdeckt

von Kastell und Zivilsiedlung, ein weiterer Raum beleuchtet das Leben der *vicus*-Bewohner.

Im Themenfeld „Mobilität und Fernhandel" werden einerseits die weiten Handelsbeziehungen Raetiens dargestellt, andererseits aber auch anhand von Einzelpersonen sowie deren Glaubensvorstellungen deren persönlicher Weg durch das Römische Reich verfolgt. Ein besonderes Exponat sind die Holzvotive aus Dambach, die einer unbekannten Heilgottheit in einer Quelle dargebracht wurden. Es handelt sich hier um die einzigen Funde dieser Art in Deutschland, die sonst nur aus Frankreich bekannt sind.

Neben der Ausstellung zum Alltag in einem Reiterkastell ist der Weißenburger Schatzfund mit den atemberaubenden Götterfiguren das Glanzlicht der Ausstellung **(Abb. 64)**. Das komplette zweite Obergeschoss ist dem 114-teiligen Verwahrfund gewidmet, der mit einer besonderen Beleuchtung in abgedunkelten Räumen eindrucksvoll präsentiert wird. In seiner Zusammensetzung und Bedeutung ist der Schatzfund einmalig in Deutschland und begeistert auch heute, über 40 Jahre nach seiner Auffindung, die Besucher. Der Schatz wurde 1979 bei Gartenarbeiten in der Nähe der Thermen entdeckt und war der ausschlaggebende Grund dafür, das RömerMuseum 1983 als Zweigmuseum der Archäologischen Staatssammlung zu eröffnen.

Abb. 65: Das Leben am Limes aus römischer und germanischer Sicht: Baubefunde aus luxuriösen Villen werden einfachem germanischem Gerät gegenübergestellt. Im Hintergrund der Raum zum Militär mit dem prachtvollen Helm aus Theilenhofen

Inmitten des *vicus* wurde das Ensemble von Götterfiguren, Weiheblechen, Reitermasken und Alltagsgegenständen vermutlich in der Mitte des 3. Jhs. versteckt. Möglicherweise war es ein römischer Bewohner *Biricianas,* der die Situation nutzte, um aus verschiedenen Bereichen Wertgegenstände, Werkzeuge und Metallschrott zusammenzusammeln **(Abb. 66)**. Hierbei spielten der künstlerische wie der materielle Wert der Eisen-, Bronze- und Silbergegenstände gleichermaßen eine Rolle, wie die Auswahl der Stücke und die sorgfältige Deponierung in einer Grube zeigen. Aus nicht mehr nachvollziehbaren Gründen konnte der Plünderer seine Beute nicht mehr bergen. So zeugt der Weißenburger Schatzfund im RömerMuseum heute vom Untergang *Biricianas* und von der ehemaligen Pracht des Kastellortes am Raetischen Limes.

Abb. 66: So könnte es gewesen sein, als ein Plünderer durch *Biriciana* zog und verschiedene Wertsachen zusammensammelte. Szene aus dem Film „Macht, Pracht, Untergang“

ANHANG

Glossar

Ala – Reitereinheit der römischen Hilfstruppen. Die *Ala* war in 12 bis 14 *turmae* zu jeweils etwa 30 Mann gegliedert. Insgesamt umfasste eine *ala quingenaria* etwa 400, eine *ala miliaria* etwa 800 Kavalleristen. Der Hauptmann einer *ala* war der *praefectus alae*. Er stammte aus der römischen Oberschicht und hatte den Rang eines Ritters *(eques)* inne.

Antoninian – Silbermünze, die unter Caracalla (212–217 n. Chr.) eingeführt und bis zum Ende des 3. Jhs. geprägt wurde. Zunächst mit hohem Silberanteil hergestellt, verloren die Münzen rasch an Feingehalt, bis dieser bei unter 1% Silber lag.

Barbaricum – Im Gegensatz zum *Imperium Romanum* alle Gebiete, die nicht unter römischer Verwaltung stehen.

Bataver – Germanischer Stamm aus dem Gebiet der heutigen Niederlande, der bei den Hilfstruppen als Reiter eingesetzt wurde. Nach dem Tode Neros (54–68 n. Chr.) nutzten 69/70 n. Chr. die batavischen Hilfstruppen in Niedergermanien die unklare politische Lage zu einem Aufstand. Nach der Niederschlagung des Bataveraufstands wurden Hilfstruppen als Konsequenz daraus nicht mehr in ihrem Rekrutierungsgebiet eingesetzt, sondern in weiter entlegenen Provinzen.

Cohors – Die Kohorten waren die am meisten verbreiteten Hilfstruppeneinheiten. Es gab sie als reine Infanterietruppen mit etwa 600 Soldaten oder als gemischte Einheiten. Diese wurden als *cohors equitata*, als berittene Kohorten bezeichnet und bestanden aus 480 Fußsoldaten und 120 Reitern.

Dendrochronologie – „Baumzeitmessung". Mit Hilfe der für jedes Jahr unterschiedlichen Jahresringe können Hölzer teilweise jahrgenau datiert werden. Durch Überschneidungen mit bekannten, genau datierten Holzproben lässt sich eine Chronologie für mehrere Tausend Jahre zurückrechnen.

Geophysik – Mittels geophysikalischer Untersuchungen lassen sich archäologische Überreste ohne Ausgrabung zerstörungsfrei untersuchen. Mauern, Gruben und andere Strukturen können mit magnetischen und elektrischen Messungen oder mittels Bodenradar ermittelt werden. Je nach Bodenbeschaffenheit und verborgener Struktur zeichnen sich diese im Messbild als Anomalien unterschiedlich ab. Eine genaue Datierung eines so entdeckten Befundes ist meist nur durch archäologische Untersuchungen möglich.

Limes – Lateinisch für Grenze oder Schneise. Der Begriff ist bei Frontin (etwa 35–103 n. Chr.) für die Anlage von Grenzen durch Kaiser Domitian (81–96 n. Chr.) überliefert. Er wird generell als Begriff für die (befestigte) Landgrenze des Römischen Reiches benutzt.

Numerus – Eine von der Kohortenstärke abweichende Einheit, die etwa 100–200 Mann umfasste. *Numeri* waren zumeist mit Aufklärungseinsätzen betraut und in kleinen Kastellen von 0,5 bis 1,0 ha Fläche untergebracht.

Peregrinus – Provinzbewohner mit eingeschränktem Bürgerrecht. Es war ihm nicht gestattet, in die Legion einzutreten, sich in ein öffentliches Amt wählen zu lassen oder eine römische Bürgerin – bzw. im Falle einer *peregrina*: einen römischen Bürger – zu heiraten.

Provinz – Ursprünglich Macht- und Aufgabenbereich eines römischen Beamten. Später wurde der Begriff dann als Bezeichnung für ein Teilgebiet des Reiches benutzt. Die Provinzen waren zumeist eroberte Gebiete, die dann durch Statthalter verwaltet wurden. Politisch unbedeutende Provinzen wurden mit ritterlichen, Provinzen mit starker Militärpräsenz zumeist mit senatorischen Statthaltern besetzt. Die Amtszeit dauerte in der Regel etwa drei Jahre.

Ripa – Im Gegensatz zum Limes bezeichnet *ripa* einen Flusslauf als Grenze, so zum Beispiel den Rhein und die Donau.

Saalburg – An einem Taunuspass bei Bad Homburg/Hessen gelegen, beherbergte das Kastell eine teilberittene Einheit am Obergermanischen Limes. Auf Bestreben Kaiser Wilhelms II. (1888–1918) wurde das seit der Mitte des 19. Jhs. ausgegrabene Kastell auf den Grundmauern in den Jahren 1897 bis 1907 wieder aufgebaut.

Spolie – Ein wiederverwendeter Stein, der ursprünglich in einem anderen Bauwerk verbaut oder als Grab-/Weihestein aufgestellt war.

Tabula Peutingeriana – Die mittelalterliche Kopie einer römischen Straßenkarte. In dem vermutlich Ende des 4. Jhs. entstandenen Original finden sich jedoch auch Elemente früherer Karten. Sie wurde im frühen 16. Jh. entdeckt und von Konrad Peutinger bearbeitet.

Informationen zu Kastellgelände, RömerMuseum und Thermen

Kastellgelände Biriciana

Am Römerlager
91781 Weißenburg i. Bay.

Öffnungszeiten:
Das Gelände ist ganzjährig kostenfrei zugänglich.
Anfahrt:
Mit dem Auto: Nutzen Sie den Parkplatz Am Römerbad oder den Parkplatz in der Kohlstraße und folgen Sie der Ausschilderung (jeweils etwa 100 m Fußweg).
Mit der Bahn: Durch die Fußgängerunterführung kommend, folgen Sie der Beschilderung (etwa 200 m Fußweg).

Zu Fuß: Von der Altstadt kommend, nutzen Sie die Fußgängerunterführung am Bahnhof oder den Fußweg mit der Unterführung Schulhausstraße entlang der Wegemarkierung (etwa 500 m Fußweg). Von den Römischen Thermen aus folgen Sie der Beschilderung und der Wegemarkierung (etwa 200 m Fußweg).

RömerMuseum

Martin-Luther-Platz 3–5
91781 Weißenburg i. Bay.
Tel. 09141/907189
eMail: museum@weissenburg.de

Öffnungszeiten:
15. März–15. November täglich 10:00–17:00 Uhr
16. November–30. Dezember täglich 10:00–12:30 Uhr und 14:00–17:00 Uhr
Heilig Abend, 1. und 2. Weihnachtsfeiertag und Silvester geschlossen;
Januar–Mitte März geschlossen
Anfahrt:
Das RömerMuseum befindet sich mitten in der Altstadt bei der St. Andreaskirche.
Mit dem Auto: Nutzen Sie das Parkhaus Schulhausstraße und folgen Sie der Beschilderung und der Wegemarkierung (etwa 200 m Fußweg).

Abb. 67: Das RömerMuseum in der Weißenburger Altstadt, zentraler Vermittlungspunkt für den Limes in Bayern. Im Erdgeschoss befindet sich das Bayerische Limes-Informationszentrum

Römische Thermen

Am Römerbad 17a
91781 Weißenburg i. Bay.
Tel. 09141/907127

Öffnungszeiten:
15. März–15. November täglich 10:00–17:00 Uhr
Mitte November–Mitte März geschlossen
Anfahrt:
Mit dem Auto: Nutzen Sie den Parkplatz Am Römerbad und folgen Sie der Ausschilderung (etwa 100 m Fußweg).
Mit der Bahn: Durch die Fußgängerunterführung kommend, folgen Sie der Beschilderung; der Weg führt durch das Römerkastell (etwa 400 m Fußweg).
Zu Fuß: Von der Altstadt/RömerMuseum kommend, nutzen Sie die Unterführung Schulhausstraße entlang der Wegemarkierung (etwa 800 m Fußweg).

Informationen zu allen römischen Stätten finden Sie unter ***www.museen-weissenburg.de***

Literatur

Quellen

Richard Klein (Hrsg.), Die Romrede des Aelius Aristides (Darmstadt 1983).

Ernst Hohl (Hrsg.), Scriptores Historiae Augustae. 2 Bände (Leipzig 1965).

Publius Cornelius Tacitus, Sämtliche Werke. Unter Zugrundelegung der Übertragung von Wilhelm Bötticher neu bearbeitet von Andreas Schäfer (Essen 2006).

Flavius Vegetius Renatus, Epitoma Rei Militaris. Das gesamte Kriegswesen. Übers. v. Fritz Wille (Salzburg 1986).

Forschungsgeschichte

Brun Appel, Die Schenkung König Ludwigs des Deutschen an das Kloster Metten vom 14. Juni 876. In: Arbeitsgemeinschaft Weißenburger Heimatforschung (Hrsg.), Uuizinburc Weißenburg 867–1967. Beiträge zur Stadtgeschichte (Weißenburg i. Bay. 1967), S. 7–12.

Rainer Braun, Wilhelm Kohl als Römer- und Limesforscher. In: Hans-Heinrich Häffner, Claus-Michael Hüssen (Hrsg.), „In plurimis locis …" Wilhelm Kohl (1848–1898). Apotheker und Forscher am Raetischen Limes. Gedenkschrift zum 100. Todestag. Internationale Archäologie. Studia honoraria 5 (Rahden/Westf. 1998), S. 22–32.

Andreas Buchner, Reise auf der Teufelsmauer. Eine Untersuchung über die Überbleibsel der römischen Schutz-Anstalten im ienseits der Donau gelegenen Rhaetien. Nebst einer Abhandlung über den Carl Kanal (Regensburg 1818).

Hans-Heinrich Häffner, Biographische Notizen zu Wilhelm Kohl. In: Hans-Heinrich Häffner/Claus-Michael Hüssen (Hrsg.), „In plurimis locis …" Wilhelm Kohl (1848–1898). Apotheker und Forscher am Raetischen Limes. Gedenkschrift zum 100. Todestag. Internationale Archäologie. Studia honoraria 5 (Rahden/Westf. 1998), S. 11–22.

Archäologie/Limes allgemein

Tillmann Bechert, Die Provinzen des Römischen Reiches. Einführung und Überblick (Mainz 1999).

Stephan Bender, Der Feldzug gegen die Germanen. In: Archäologisches Landesmuseum Baden-Württemberg (Hrsg.), Caracalla. Kaiser Feldherr Tyrann (Darmstadt/Mainz 2013), S. 104–131.

Stephan Bender, Hatte der Limes eine Fassade? Architektonische Betrachtung eines Bauwerkes. Der Limes. Nachrichtenblatt der Deutschen Limeskommission 8, 2014/1, S. 12–15.

Boris A. N. Burandt, Die Ausrüstung der römischen Armee auf der Siegessäule des Marcus Aurelius in Rom. Ein Vergleich zwischen der skulpturalen Darstellung und den archäologischen Bodenfunden. Archaeopress Roman Archaeology 27 (Oxford 2017).

Ernst Christofori/Wolfgang Czysz, Die „Wolfsgrube" beim Kastell Dambach. Erfassung des Amphitheaters durch terrestrisches Laserscanning. Das Archäologische Jahr in Bayern 2007, S. 81–83.

Wolfgang Czysz/Karlheinz Dietz/Thomas Fischer/Hans-Jörg Kellner, Die Römer in Bayern (Stuttgart 1995).

Wolfgang Czysz/Franz Herzig, Der Pfahlrost im Kreutweiher beim Limeskastell Dambach. Erste dendrochronologische Ergebnisse. Bericht der Bayerischen Bodendenkmalpflege 49, 2008, S. 221–227.

Wolfgang Czysz/Franz Herzig, Neue Dendrodaten von der Limespalisade in Raetien. In: Andreas Thiel (Hrsg.), Neue Forschungen am Limes. 4. Fachkolloquium der Deutschen Limeskommission. 27./28. Februar 2007 in Osterburken. Beiträge zum Welterbe 3 (Stuttgart 2008), S. 183–195.

Karlheinz Dietz, Die Bauinschrift des Limeskastells Ellingen, Ldkr. Weißenburg-Gunzenhausen, Mittelfranken. Das Archäologische Jahr in Bayern 1980, S. 118–119.

Istvan G. Farkas, The Dislocation of the Roman Army in Raetia. BAR Int. Series 2723 (Oxford 2015).

Thomas Fischer, Die Armee der Caesaren. Archäologie und Geschichte ²(Regensburg 2014).

Thomas Fischer, Das Römerkastell Eining und seine Umgebung. Ein Führer (Regensburg 2016).

Thomas Fischer, Die Villa rustica von Möckenlohe und die römische Landwirtschaft in Bayern. Ein Führer (Regensburg 2017).

Thomas Fischer/Erika Riedmeier-Fischer, Der römische Limes in Bayern. Geschichte und Schauplätze entlang des UNESCO-Welterbes ²(Regensburg 2017).

Christof Flügel/Johannes Valenta, Getreide für Roms Soldaten. Militärstandorte und *villae rusticae*. Der Limes. Nachrichtenblatt der Deutschen Limeskommission 10, 2016/1, S. 20–24.

Alexander Heising/Britta Kopecky-Hermanns/Matthias Leicht/Andreas A. Schaflitzl, Aufgeschichtet – abgetragen: Limespalisade und Raetische Mauer im Hienheimer Forst bei Laimerstadt. Das Archäologische Jahr in Bayern 2015, S. 80–83.

Anne Johnson, Römische Kastelle des 1. und 2. Jahrhunderts n. Chr. in Britannien und in den germanischen Provinzen des Römerreiches. Kulturgeschichte der antiken Welt 37 (Mainz 1987).

von Kaenel/Wenzel 2010: Hans-Markus von Kaenel/Carsten Wenzel, Kastell und *vicus* mit monumentalem Zentrum und Umwehrung. In: Peter Henrich (Hrsg.), Perspektiven der Limesforschung. 5. Kolloquium der Deutschen Limeskommission. 19./20. Mai 2009 im Römisch-Germanischen Museum der Stadt Köln (Stuttgart 2010), S. 105–121.

Julia Koch/Fabien Griessel/Claus-Michael Hüssen/Katja Kothieringer/Max Rahrig, Archäologische Forschungen am Raetischen Limes bei Zandt im Köschinger Forst. Der Limes. Nachrichtenblatt der Deutschen Limeskommission 10, 2016/2, S. 32–37.

Julia Koch/Fabien Griessel/Claus-Michael Hüssen, Die Teufelsmauer auf dem Fuchsberg – Zur Baugeschichte des Limes im Köschinger Forst bei Zandt. Das Archäologische Jahr in Bayern 2015, S. 78–80.

Elisabeth Krieger, Die Wachttürme und Kleinkastelle am Raetischen Limes. Limesforschungen 30 (Berlin 2019).

Suzana Matešić/C. Sebastian Sommer (Hrsg.), Am Rande des Römischen Reiches. Beiträge zum Welterbe Limes. Sonderband 3 (Mainz 2015).

Carsten Mischka/Jürgen Obmann/ Peter Henrich, Forum, Basilika und ein szenisches Theater am raetischen Limes? Der Limes. Nachrichtenblatt der Deutschen Limeskommission 4, 2010/1, S. 10–13.

Jürgen Obmann/Christof Flügel (Hrsg.), Römische Wehrbauten. Befund und Rekonstruktion. Kolloquiumsband. Arbeitsgespräch *excelsae turres quater divisae* am 5. Juli 2010 in der Landesstelle für nichtstaatliche Museen im Alten Hof München. Schriftenreihe des Bayerischen Landesamtes für Denkmalpflege 7 (München 2013).

Barbara Pferdehirt/Markus Scholz, Die Epoche der Severischen Kaiser. In: Archäologisches Landesmuseum Baden-Württemberg (Hrsg.), Caracalla. Kaiser Feldherr Tyrann (Darmstadt/Mainz 2013), S. 33–52.

Heike Pöppelmann/Korana Deppmeyer/Wolf-Dieter Steinmetz, Roms vergessener Feldzug. Die Schlacht am Harzhorn. Veröffentlichungen des Braunschweigischen Landesmuseums 115 (Darmstadt 2013).

Katharina Ramstetter, Pfünz. In: Matešić/Sommer 2015, S. 136–141.

Marcus Reuter, Das Ende des raetischen Limes im Jahr 254 n. Chr. Bayerische Vorgeschichtsblätter 72, 2007, S. 77–148.

Andreas A. Schaflitzl/Alexander Heising/Matthias Leicht, Der Limes im Hienheimer Forst bei Laimerstadt. Eine Grenze wie sie im Buche steht. Der Limes. Nachrichtenblatt der Deutschen Limeskommission 10, 2016/1, S. 26–30.

Karl Schmotz, Der Mithrastempel von Künzing, Lkr. Deggendorf – Ein Vorbericht. In: Karl Schmotz (Hrsg.), Vorträge des 18. Niederbayerischen Archäologentages (Rahden/Westf. 2000), S. 111–144.

Karl Schmotz, Der Ostvicus von Künzing. Lage, Ausdehnung und „Sondereinrichtungen". In: Andreas Thiel (Hrsg.), Forschungen zur Funktion des Limes. 3. Fachkolloquium der Deutschen Limeskommission. 17./18. Februar 2005 in Weißenburg i. Bay. Beiträge zum Welterbe Limes 2 (Stuttgart 2007), S. 133–148.

C. Sebastian Sommer, Where did they put the horses? Überlegungen zu Aufbau und Stärke römischer Auxiliartruppen und deren Unterbringung in den Kastellen. In: Wolfgang Czysz/Claus-Michael Hüssen/Hans-Peter Kuhnen/C. Sebastian Sommer/Gerhard Weber (Hrsg.), Provinzialrömische Forschungen. Festschrift für Günter Ulbert zum 65. Geburtstag (Espelkamp 1995), S. 149–168.

C. Sebastian Sommer, Die Anfänge der Provinz Raetien. In: Ioan Piso (Hrsg.), Die römischen Provinzen. Begriff und Gründung. Colloquium Cluj-Napoca, 18. September–01. Oktober 2006 (Cluj-Napoca 2008), S. 208–224.

C. Sebastian Sommer, Amphitheatres of Auxiliary Forts on the Frontiers. In: Tony Wilmott (Hrsg.), Roman Amphitheatres and Spectacula: a 21st-century perspective. Papers from an international conference held at Chester, 16th–18th February, 2007. British Archaeology Reports. International Series 1946 (Oxford 2009), S. 47–62.

C. Sebastian Sommer, Trajan, Hadrian, Antoninus Pius, Marc Aurel …? – Zur Datierung der Anlagen des Raetischen Limes. Bericht der Bayerischen Bodendenkmalpflege 52, 2011, S. 132–180.

C. Sebastian Sommer, Trajan, Hadrian, Antoninus Pius, Marc Aurel …? – Ein Nachtrag zur Datierung der Anlagen des Raetischen Limes. Bericht der Bayerischen Bodendenkmalpflege 56, 2015, S. 321–327.

C. Sebastian Sommer, Auch der Teufel baut nur mit dem, was er findet. Lehm und Sand im östlichen Raetischen Limes? In: Peter Henrich/Christian Miks/Jürgen Obmann/Martin Wieland (Hrsg.), NON SOLUM … SED ETIAM. Festschrift für Thomas Fischer zum 65. Geburtstag (Rahden/Westf. 2015), S. 407–414.

Bernd Steidl, Ein Militärdiplom aus dem *vicus* des Kastells Ruffenhofen am raetischen Limes. Zur Disklokation der *cohors VIIII Batavorum milliaria exploratorum* im 2. Jh. n. Chr. Bayerische Vorgeschichtsblätter 81, 2016, S. 147–170.

Simon Sulk, Die Provinzgrenze bei Schwäbisch Gmünd. In: Matešić/Sommer 2015, S. 68–73.

Simon Sulk, Theilenhofen. In: Matešić/Sommer 2015, S. 108–111.

Werner Zanier, Der Alpenfeldzug 15 v. Chr. und die Eroberung Vindelikiens. Bayerische Vorgeschichtsblätter 64, 1999, S. 99–132.

Werner Zanier, Der Alpenfeldzug 15 v. Chr. und die augusteische Okkupation in Süddeutschland. In: Ludwig Wamser (Hrsg.), Die Römer zwischen Alpen und Nordmeer. Zivilisatorisches Erbe einer europäischen Militärmacht (Mainz 2000) S. 11–17.

Weißenburg und das Umland

Mario Bloier, Spectacula in Biricianis? Spurensuche nach Gladiatoren im römischen Weißenburg. Villa Nostra 2/2015, S. 5–31.

Silke Burmeister, Studien zum Weißenburger „Bäderviertel". Bayerische Vorgeschichtsblätter 55, 1990, S. 107–189.

Max Dinkelmeier/Michael Erdrich/Matthias Klein, Ausgrabungen im römischen Kastellvicus von Weißenburg i. Bay. Das Archäologische Jahr in Bayern 1987, S. 114–118.

Robert Frank, Ausgrabungen im westlichen Vicus des Römerkastells Weißenburg. Das Archäologische Jahr in Bayern 1998, S. 71–73.

Robert Frank, Neu entdeckte Holzgebäudereste im Weißenburger Vicus. Das Archäologische Jahr in Bayern 2002, S. 67–70.

Eveline Grönke, Die rekonstruierte Porta decumana des römischen Kastells Biriciana in Weißenburg i. Bay. Das Archäologische Jahr in Bayern 1990, S. 188–189.

Eveline Grönke, Das römische Alenkastell Biricianae in Weißenburg i. Bay. Die Grabungen von 1890 bis 1990. Limesforschungen 25 (Mainz 1997).

Eveline Grönke/Edgar Weinlich, Die Nordfront des römischen Kastells Biriciana – Weißenburg. Die Ausgrabungen 1986/1987. Kataloge der Prähistorischen Staatssammlung 25 (Kallmünz/Opf. 1991).

Sascha Heckmann, Die Adlerkopfschwerter von Weißenburg. In: LVR-Landesmuseum Bonn (Hrsg.), Gebrochener Glanz. Römische Großbronzen am UNESCO-Welterbe Limes (Frankfurt 2014), S. 138–139.

Claus-Michael Hüssen, Neue Ergebnisse der Grabungen im Holzkastell von Weißenburg i. Bay. Das Archäologische Jahr in Bayern 1985, S. 108–109.

Claus-Michael Hüssen, Grabungen im Kastellvicus von Weißenburg i. Bay. Das Archäologische Jahr in Bayern 1986, S. 118–119.

Claus-Michael Hüssen, Weißenburg – Auf der Breitung. In: Matešić/Sommer 2015, S. 122–123.

Claus-Michael Hüssen, Das römische Holz-Erde-Kastell auf der Breitung in Weißenburg i.Bay. Limesforschungen 29 (Berlin 2019).

Hans-Jörg Kellner/Gisela Zahlhaas, Der römische Tempelschatz von Weißenburg i. Bay. (Mainz 1993).

Frederik-Sebastian Kirch, Der Streifenhauskomplex von *Biriciana*. Der

Limes. Nachrichtenblatt der Deutschen Limeskommission 9, 2015/1, S. 16–19.

Michael Klein, Ein Steinkeller im römischen Kastellvicus von Weißenburg i. Bay. Das Archäologische Jahr in Bayern 1988, S. 118–120.

Robert Koch/Ulrich Pfauth, Ein römischer Keramikbrennofen aus dem Vicus von Weißenburg i. Bay., Landkreis Weißenburg-Gunzenhausen, Mittelfranken. Das Archäologische Jahr in Bayern 1994, S. 119–120.

Wilhelm Kohl/Julius Tröltsch/Ernst Fabricius, Das Kastell Weißenburg Nr. 72. In: Friedrich Hettner/Oscar von Sarwey/Ernst Fabricius (Hrsg.), Der obergermanisch-raetische Limes des Roemerreiches. Abt. B, Bd. 7 (Heidelberg 1906).

Harald Koschik/Zsolt Visy, Thermae Maiores. Die großen Thermen von Weißenburg i. Bay. (Mainz 1992).

Ernst. Künzl, Anmerkungen zum Schatzfund von Weißenburg. Germania 74, 1996, S. 453–476.

Martin Pietsch/Jörg Faßbinder/Ludwig Fuchs, Mehr Tiefenschärfe durch Magnetik: Der neue Plan des Kastells Weißenburg. Das Archäologische Jahr in Bayern 2006, S. 98–101.

Wilhelm Schleiermacher, Das römische Kastellbad von Weißenburg in Bayern. Bayerische Vorgeschichtsblätter 27, 1962, S. 99–107.

C. Sebastian Sommer, Kastell Weißenburg – Biricianae – Das verschonte Denkmal: Investition für die Zukunft. Villa Nostra 2/2008, S. 5–23.

C. Sebastian Sommer, Wer wusch die Socken der römischen Soldaten? Der Kastellvicus von Weißenburg – Aufbau und Funktion. Villa Nostra 1/2014, S. 5–35.

C. Sebastian Sommer, Weißenburg. In: Matešić/Sommer 2015, S. 116–121.

C. Sebastian Sommer, Zu den Standorten von *ala I Hispanorum Auriana* und *cohors VIIII Batavorum milliaria exploratorum equitata* im 2. und 3. Jahrhundert n. Chr. - Ein „ketzerischer" Gedanke. Bericht der Bayerischen Bodendenkmalpflege 58, 2017, S. 87–102.

Bernd Steidl, Limes und Römerschatz. RömerMuseum Weißenburg. Ausstellungskataloge der Archäologischen Staatssammlung (Friedberg 2019).

Johannes Strobl, Die Grabung an der Kohlstraße in Weißenburg i. Bay. Ein Terra Sigillata-Komplex aus dem römischen Vicus. Beiträge zur Archäologie in Mittelfranken 4, 1998, S. 149–172.

Bildnachweis

Archäologische Staatssammlung München: Abb. 24 (Stefanie Friedrich, D 2019-1337), 40 (Stefanie Friedrich, D 2016-625), 50a (Stefanie Friedrich, D 2016-692)
Bayerisches Landesamt für Denkmalpflege: Abb. 2 (Robert Frank/ bearbeitet S. Sulk), 18 (O. Braasch, 1986_BLfD-OttoBraasch_6930_009_4549_11_Weißenburg), 19 (J. Fassbinder, Archiv Nr. mag 6930/009), 58 (O. Braasch, 6930_010_000_14_Weißenburg), 60a (O. Braasch)
Boris Burandt: Abb. 51a, 52a
Conrad Cichorius: Abb. 51b, 52b
FRE Culture 2000 project/ Simon Sulk: Abb. 3, 8
Landesstelle für die nichtstaatlichen Museen in Bayern: Abb. 59 (Christof Flügel/ Arch-IV München, Johannes Valenta/ Stadt Gunzenhausen)
Michael Rathmann: Abb. 13 (bearbeitet S. Sulk)
Museen Weißenburg: Abb. 10, 16, 17
- ArcTron: Abb. 9, 20 (bearbeitet S. Sulk), 22, 26, 30, 31, 32, 33, 34, 35, 42, 44, 45, 46 a und b, 53, 57, 64, 66
- Frederik-Sebastian Kirch: Abb. 54
- Peter Nörr: Abb. 48 (bearbeitet S. Sulk)
- Robert Frank: Abb: 21, 39
- Sascha Heckmann: Abb. 36
- Simon Sulk: Abb. 1, 6, 7, 25, 28, 29, 37, 41, 43, 45 (nach M. Scholz), 47, 50b, 61
- Wilhelm Kohl: Abb. 15

nach C. Sebastian Sommer, 2011: Abb. 4
nach Ch. E. Hanßelmann, 1773: Abb. 11
nach Wamser, 1984: Abb. 55
Saalburgmuseum: Abb. 38
Simon Sulk: Abb. 5, 12, 23, 27, 53a, 56, 60b, 62, 63, 65, 67
Stadtarchiv Weißenburg: Abb. 14 (Simon Sulk)

THORWALD DETHLEFSEN

Die legendären Vorträge voll Weisheit und Inspiration

Als Buch und digital remastered auf CD und als MP3-Download

01| Selbsterkenntnis – Der Weg zur Bewusstwerdung
ISBN 978-3-95659-531-8 · 1 CD · 80 Min · ISBN 978-3-95659-501-1

02| Homöopathie als Urprinzip – Heilung durch das Resonanzgesetz
ISBN 978-3-95659-532-5 · 2 CDs · 85 Min · ISBN 978-3-95659-502-8

03| Polarität und Einheit – Urwissen der Menschheit
ISBN 978-3-95659-533-2 · 2 CDs · 90 Min · ISBN 978-3-95659-503-5

04| Vom Blei zum Gold – Alchemie als Weg zur Persönlichkeitsverwandlung
ISBN 978-3-95659-534-9 · 2 CDs · 90 Min · ISBN 978-3-95659-504-2

05| Das Wort ward Fleisch – Leben mit dem Analogiegesetz
ISBN 978-3-95659-535-6 · 2 CDs · 90 Min · ISBN 978-3-95659-505-9

06| Altes und neues Weltbild – Schattenarbeit, Homöopathie, Karma: Fragen & Antworten
ISBN 978-3-95659-536-3 · 2 CDs · 100 Min · ISBN 978-3-95659-506-6

07| Die spirituelle Bedeutung von Weihnachten – Das innere Licht wird geboren
ISBN 978-3-95659-537-0 · 2 CDs · 100 Min · ISBN 978-3-95659-507-3

08| Gedanken zum Ostermysterium: Wie im Himmel, so auf Erden – wie oben, so unten
ISBN 978-3-95659-538-7 · 2 CDs · 100 Min · ISBN 978-3-95659-508-0

09| Ödipus der Rätsellöser – Die Erlösung der menschlichen Seele
ISBN 978-3-95659-539-4 · 3 CDs · 180 Min · ISBN 978-3-95659-509-7

10| Prometheus – Schuld, Sünde und Einheit im menschlichen Dasein
ISBN 978-3-95659-540-0 · 2 CDs · 90 Min · ISBN 978-3-95659-510-3

Thorwald Dethlefsen

Der Diplompsychologe und Psychotherapeut Thorwald Dethlefsen (geb. 1946) wurde durch seine Bestseller »Krankheit als Weg« und »Schicksal als Chance« einem Millionenpublikum bekannt. Er entdeckte das zentrale Grundmuster, das hinter dem Schicksal eines jeden Menschen steht: Der Mensch lebt in der Polarität und agiert zwischen Schuld und der Sehnsucht nach Ganzwerdung. Er kann die Erlösung aber nur dann erreichen, wenn er lernt, den Weg nach innen zu gehen.

Dethlefsen widmete sein gesamtes Leben der Aufgabe, diesen Entwicklungsprozess für jeden Menschen einsichtig und gangbar zu machen. Er steht damit zuvorderst in der Tradition der größten Weisheitslehrer unserer Zeit.

Thorwald Dethlefsen verstarb Ende 2010 glücklich im Kreise seiner Angehörigen. Der Aurinia Verlag veröffentlicht 2014 und 2015 sämtliche Vorträge und die derzeit vergriffenen Werke dieser außergewöhnlichen Persönlichkeit in einer neuen, von den Angehörigen autorisierten Edition.

Für News, Hör- und Leseproben besuchen Sie bitte unsere Webseite unter www.thorwald-dethlefsen.de

WILLIAM WALKER ATKINSON

★ ★ ★

Weitere Titel des grossen Meisters

★

DIE KUNST DES GEISTIGEN HEILENS
Spirituelle, mentale und körperliche Heiltechniken
144 Seiten, ISBN 978-3-95659-013-9

★

DIE ASTRALWELT
Reisen durch die feinstofflichen Welten
96 Seiten, ISBN 978-3-943012-13-2

Weitere Titel in Vorbereitung!

KYBALION EDITION

VON DEM EINGEWEIHTEN

WILLIAM WALKER ATKINSON

★ ★ ★

KYBALION – DIE 7 HERMETISCHEN GESETZE

144 Seiten, ISBN 978-3-937392-17-2

Kybalion – Hörbuch auf 4 CDs

300 Min., ISBN 978-3-95659-010-8 und als Download auf **www.aurinia.de**

KYBALION 2

Die geheimen Kammern des Wissens

160 Seiten, ISBN 978-3-943012-70-5

KYBALION 3

Die geheimen Lehren der Rosenkreuzer

272 Seiten, ISBN 978-3-943012-98-9

KYBALION 4

Die 7 kosmischen Gesetze – Das Vermächtnis des Meisters

128 Seiten, ISBN 978-3-943012-73-6

KYBALION 5

Schätze des Neuen Denkens

176 Seiten, ISBN 978-3-95659-024-5

KYBALION 6

Mystisches Christentum – Die geheimen Lehren des Meister Jesu

256 Seiten, ISBN 978-3-95659-038-2

Weitere Infos finden Sie auf

www.kybalion.de

»Die Lippen der Weisheit sind verschlossen,
nur nicht für die Ohren des Verständnisses.«

Hermes Trismegistos,
den alten Ägyptern bekannt unter dem Namen
»der ganz Große« oder »der Meister aller Meister«,
ist dieses kleine Werk über die hermetischen Lehren
ehrfurchtsvoll gewidmet.

DREI EINGEWEIHTE

DAS ORIGINAL

KYBALION

* * * * * * *

DIE 7 HERMETISCHEN GESETZE

AURINIA

Drei Eingeweihte, William Walker Atkinson
KYBALION – DIE 7 HERMETISCHEN GESETZE: DAS ORIGINAL

Dieses Buch wurde auf FSC®-zertifiziertem Papier gedruckt. FSC® (Forest Stewardship Council®) ist eine nicht staatliche, gemeinnützige Organisation, die sich für eine ökologische und sozialverantwortliche Nutzung der Wälder unserer Erde einsetzt.

Dieses Buch ist auch als Hörbuch auf CD (ISBN 978-3-95659-010-8) und als Download (auf www.aurinia.de) erhältlich.

Umschlagfoto: fotolia.com
Lektorat: Anke Schenker
Lithografie, Satz und Herstellung: Robert B. Osten

Printed in Germany

20. Auflage 2025
ISBN 978-3-937392-17-2

Besuchen Sie auch unsere Website: www.aurinia.de

Inhalt

	Einleitung	9
Kapitel 1	**Die hermetische Philosophie**	14
Kapitel 2	**Die sieben hermetischen Prinzipien**	20
	1. Das Prinzip der Geistigkeit	21
	2. Das Prinzip der Entsprechung	22
	3. Das Prinzip der Schwingung	23
	4. Das Prinzip der Polarität	25
	5. Das Prinzip des Rhythmus	27
	6. Das Prinzip von Ursache und Wirkung	29
	7. Das Prinzip des Geschlechts	30
Kapitel 3	**Die geistige Verwandlung**	32
Kapitel 4	**Das All**	37
Kapitel 5	**Das geistige Universum**	44
Kapitel 6	**Das göttliche Paradoxon**	51
Kapitel 7	**Das All in Allem**	61
Kapitel 8	**Die Ebenen der Entsprechungen**	70
Kapitel 9	**Schwingung**	83
Kapitel 10	**Polarität**	90
Kapitel 11	**Rhythmus**	96
Kapitel 12	**Ursache und Wirkung**	103
Kapitel 13	**Geschlecht**	110
Kapitel 14	**Geistiges Geschlecht**	116
Kapitel 15	**Hermetische Grundsätze**	127

Die Drei Eingeweihten und das Kybalion

Jahrzehntelang wurde gerätselt, welche Personen sich hinter den »Drei Eingeweihten«, die das *Kybalion* geschrieben haben, wohl in Wirklichkeit verbergen. Es entstanden die wildesten Theorien, wovon diejenige, es handle sich bei den »Drei Eingeweihten« um William Walker Atkinson, Paul Forster Case und Michael Whitty, die wohl am weitesten verbreitete ist.

Im April 2012 erschien im amerikanischen Tharcher / Penguin-Verlag eine vom *Kybalion*-Forscher Philip Deslippe kommentierte Neuausgabe, die ein umfangreiches biografisches Vorwort enthält. Hier weist Deslippe nach, dass es sich bei den »Drei Eingeweihten« ausschließlich um William Walker Atkinson handelt. Zum einen gibt dies Atkinson in der 1912er Ausgabe des *Who's Who In America* selbst zu, zum anderen dankt der Übersetzer einer französischen Ausgabe des *Kybalion* von 1917 in seinem Vorwort dem »Autor und Meister W. W. Atkinson«.

Philip Deslippe konnte den Nachlass von William Walker Atkinson sichten und stellte fest, dass absolut nichts darauf hinweist, dass andere Personen am *Kybalion* beteiligt waren – im Gegenteil: Atkinson hat an seinen Theorien und Konzepten über Jahrzehnte hinweg gearbeitet, sie stetig ausgebaut und verbessert. Das *Kybalion* wurde bekanntermaßen erstmals 1908 in den USA veröffentlicht, jedoch findet man einige der Inhalte in Arbeiten, die bereits vorher publiziert wurden und deren Autorenschaft eindeutig ihm zuzuordnen ist.

William Walker Atkinson ist ein modernes Universalgenie und leuchtender Stern der esoterischen Szene. Damals wie heute. Er

war mit vielen esoterischen und spirituellen Meistern befreundet, ging in den damaligen Logen und Salons ein und aus und beschäftigte sich intensiv sowohl mit den östlichen Yoga-Lehren als auch mit christlicher Mystik, den Rosenkreuzern, der Gnosis und der Hermetik. Darüber hinaus hatte er ein großes Interesse an Philosophie und Naturwissenschaften. Atkinson war mit all diesen Dingen aufs Beste vertraut. Als ein »Leonardo da Vinci der modernen Spiritualität« verband er diese unterschiedlichen Geistesströmungen miteinander und brachte sie in eine moderne und lebensnahe, dem heutigen Menschen gut verständliche Form.

Sein fotografisches Gedächtnis war ihm dabei mit Sicherheit eine unschätzbare Hilfe, denn so waren alle Inhalte, die er jemals gelesen hatte, für ihn sofort abrufbereit und verfügbar – und so ist auch sein umfangreiches Schaffen zu erklären. Er schrieb mehr als 100 Bücher innerhalb von rund 30 Jahren, hinzu kommen unzählige Artikel für Zeitschriften und regelmäßige öffentliche Vorträge. Er war Familienvater, Rechtsanwalt und Mitglied in mehreren Geheimlogen und Orden, wobei er stets ein Freigeist blieb und sich keiner bestimmten Richtung verpflichtete. Darüber hinaus hatte er einen ausgeprägten Sinn für Humor, was sowohl seine vielen Pseudonyme (z. B. Yogi Ramacharaka, Magus Incognito) als auch einige leise Randbemerkungen in seinen Werken selbst belegen.

W. W. Atkinson arbeitete bis zu seinem Lebensende an den Inhalten des *Kybalions*, um sein Verständnis von den Menschen, vom Universum und seine Rolle darin genauer zu erkennen und um seine Methoden zu perfektionieren, andere Menschen an seinen Einsichten und Erkenntnissen teilhaben zu lassen.

Kurz vor seiner Abberufung stellte er sein großes spirituelles Spätwerk *Die 7 kosmischen Gesetze* fertig, das sein Erbe und Vermächtnis für alle wahrhaft Suchenden darstellt. Bis vor Kurzem verloren geglaubt, haben wir nicht nur dieses Werk erstmals in

deutscher Sprache publiziert. Die wichtigsten Werke des brillanten William Walker Atkinson sind u. a. in unserer neuen *Kybalion-Edition* erschienen.

Hamburg, im März 2014
Robert B. Osten

Einleitung

Wir erlauben uns, die Aufmerksamkeit von Schülern und Forschern der geheimen Lehren auf dieses kleine Werk zu lenken, das auf den uralten hermetischen Lehren beruht. Es ist über diesen Gegenstand, abgesehen von den zahllosen Bezugnahmen auf diese Lehren, in den vielen Werken über Okkultismus so wenig geschrieben worden, dass die vielen ernsthaft Suchenden nach den »arkanischen Weisheiten« zweifellos das Erscheinen des vorliegenden Buches begrüßen werden.

Die Absicht dieses Werkes ist nicht die Verkündigung irgendeiner besonderen Philosophie oder Lehre, sondern der Wunsch, den Schülern eine Feststellung der Wahrheit zu geben, die dazu dienen soll, die vielen Teile okkulten Wissens miteinander in Einklang zu bringen, die sie vielleicht in sich aufgenommen haben, die aber augenscheinlich zueinander in Gegensatz stehen. Eine Tatsache, die oft dazu führt, Anfänger beim Studium zu entmutigen oder abzuschrecken. Unsere Absicht ist nicht, einen neuen Tempel des Wissens zu errichten, sondern in die Hände des Schülers einen Hauptschlüssel zu legen, der die vielen inneren Tore des mystischen Tempels zu öffnen vermag, den er durch seine Eingangspforten bereits betreten hat.

Kein Teil der okkulten Lehren, die die Welt besitzt, ist so fest behütet worden wie die Bruchstücke der hermetischen Lehren, die uns im Laufe der Jahrtausende überliefert wurden, die seit den Lebzeiten ihres Gründers verflossen sind, des Hermes Trismegistos, des »Schriftgelehrten der Götter«, der im alten Ägypten lebte zu Zeiten, wo sich das heutige Menschengeschlecht in seiner frühesten Kindheit befand. Zeitgenosse von Abraham und, wenn die Legenden wahr sein sollten, Lehrer dieses verehrungswürdigen Weisen

war und ist Hermes auch heute noch die große zentrale Sonne des Okkultismus, deren Strahlen die zahlreichen Lehren erleuchtet haben, die seit seinen Zeiten verkündet worden sind. Alle grundlegenden Wahrheiten, die in den esoterischen Lehren aller Rassen enthalten sind, können auf Hermes zurückgeführt werden. Sogar die ältesten Lehren Indiens haben ihre Wurzeln in den ursprünglichen hermetischen Lehren.

Vom Lande des Ganges wanderten viele fortgeschrittene Okkultisten in das Land Ägypten und saßen zu Füßen des Meisters. Von ihm erhielten sie den Hauptschlüssel, der ihre verschiedenartigen Standpunkte klärte und in Einklang brachte. So wurde die geheime Lehre fest begründet. Auch von anderen Ländern kamen Gelehrte, die alle Hermes als den Meister aller Meister betrachteten. Sein Einfluss war so groß, dass, obwohl die Lehrer in diesen verschiedenen Ländern im Laufe der Jahrhunderte vom Wege abwichen, dennoch eine gewisse grundsätzliche Ähnlichkeit und Übereinstimmung der vielen oft ganz verschiedenen Theorien festgestellt werden kann, die heute von den Okkultisten dieser Länder aufrechterhalten und gelehrt werden. Der Student vergleichender Religionswissenschaft wird in jeder der Menschheit bekannten Religion, die diesen Namen verdient, den Einfluss der hermetischen Lehren bemerken können, ganz gleich ob es sich um eine tote Religion handelt oder um eine, die heute noch in voller Kraft steht. Eine gewisse Übereinstimmung ist immer vorhanden, trotz äußerlicher Gegensätze. Die hermetische Lehre wirkt hier als der große »Versöhner«.

Es scheint das Lebenswerk von Hermes gewesen zu sein, die große fundamentale Wahrheit auszusäen, die emporwuchs und zu so vielen seltsamen Formen erblühte, und das viel mehr, als eine Philosophenschule zu gründen, die berufen gewesen wäre, das Denken der Welt zu beherrschen. Dessen ungeachtet sind die von ihm gelehrten Wahrheiten in ihrer ursprünglichen Reinheit in jedem Zeitalter von

einigen wenigen Männern erhalten worden, die eine große Anzahl halbentwickelter Schüler und Anhänger verschmähten und, dem hermetischen Brauch folgend, ihre Wahrheit für die wenigen aufbewahrten, die in der Lage waren, sie zu verstehen und zu meistern. Von Lippe zu Ohr wurde die Wahrheit unter den wenigen weitergegeben. Es gab immer einige Eingeweihte in jeder Generation in den verschiedenen Ländern der Erde, die die heilige Flamme der hermetischen Lehre am Leben erhielten und die geringeren Leuchten der äußeren Welt wieder entzündeten, wenn das Licht der Wahrheit trüb wurde. Es gab immer einige wenige, die den Altar der Wahrheit treu hüteten, über dem die ewige Flamme der Weisheit in ihrem Leuchten erhalten wurde. Diese Mahner weihten ihr Leben dem Werk der Liebe, wie der Dichter es so schön sagt:

Oh, lasst die Flamme nie verlöschen,
die durch Jahrhunderte umhegt in ihrer Höhle Dunkel,
in ihren heiligen Tempeln treu gepflegt,
genährt wird von der Liebe reiner Priester.
Lasst nie verlöschen sie, die Flamme.

Diese Männer haben niemals öffentliche Anerkennung gesucht oder zahlreiche Anhänger. Sie stehen diesen Dingen gleichgültig gegenüber, denn sie wissen, wie wenige es in jeder Generation gibt, die für die Wahrheit bereit sind oder sie erkennen würden, wenn man sie ihnen darböte. Sie bewahren »das Fleisch für kräftige Männer« auf, während andere »die Milch für Babys« liefern. Sie reservieren die »Perlen« der Weisheit für wenige Auserwählte, die ihren Wert erkennen und sie in ihren Kronen tragen, statt sie vor die »Säue« des gemeinen Materialismus zu werfen, die sie in den Schmutz treten und sie mit ihrer abscheulichen geistigen Nahrung vermischen. Aber niemals haben diese Männer die ursprüngliche Lehre des Her-

mes vergessen, die Werke der Wahrheit weiterzugeben an diejenigen, die bereit sind, sie zu empfangen. Diese Lehre spricht das *Kybalion* folgendermaßen aus:

> *Überall, wo der Meister erscheint, öffnen sich die Ohren derjenigen weit, die bereit sind für seine Lehren.*
>
> *Wenn die Ohren des Schülers bereit sind zu hören, dann kommen die Lippen, sie mit Weisheit zu füllen.*

Aber im Allgemeinen richtet sich ihre Haltung ganz nach dem anderen hermetischen Satz, den das *Kybalion* ausspricht:

> *Die Lippen der Weisheit sind verschlossen, nur nicht für die Ohren des Verständnisses.*

Man hat diese Haltung der Hermetiker kritisiert und behauptet, dass sie mit ihrer Politik der Abschließung und Verschwiegenheit nicht den richtigen Geist zum Ausdruck bringen. Aber ein flüchtiger Rückblick auf die Seiten der Geschichte zeigt die Weisheit der Meister, die wussten, dass der Versuch töricht ist, die Welt etwas zu lehren, was sie weder bereit noch willens ist zu empfangen. Die Hermetiker haben niemals gewünscht, Märtyrer zu werden. Stattdessen saßen sie schweigend abseits mit einem mitleidigen Lächeln auf ihren verschlossenen Lippen, während »um sie herum die Atheisten lärmten und rasten« bei ihrem gewohnheitsmäßigen Vergnügen, die ehrlichen, aber missgeleiteten Enthusiasten zu Tode zu foltern, die sich einbildeten, sie könnten einem Geschlecht von Barbaren mit Gewalt eine Weisheit aufdrängen, die nur von Auserwählten verstanden werden konnte, die schon fortgeschritten waren auf dem »rechten Wege«.

Der Geist der Verfolgung ist im Lande noch nicht ausgestorben. Es gibt gewisse hermetische Lehren, die, wenn sie öffentlich verbreitet würden, über die Lehrer einen gewaltigen Sturm der Entrüstung und der Schmähung bei der Menge hervorrufen würden, und wieder würde sie schreien: »Kreuzige, kreuzige!«

Wir haben uns bemüht, Euch in diesem kleinen Werk eine Idee der grundsätzlichen Lehren des *Kybalion* und der wirkenden Prinzipien zu geben, und überlassen ihre Anwendung Euch selbst, statt den Versuch zu machen, die Lehre im Einzelnen auszuarbeiten. Bist Du ein rechter Schüler, dann wirst Du in der Lage sein, den Sinn dieser Prinzipien zu lösen und sie anzuwenden. Wenn nicht, dann musst Du einer werden, denn sonst werden die hermetischen Lehren für Dich nichts anderes sein als »Worte, Worte, Worte ...«.

1| Die hermetische Philosophie

Die Lippen der Weisheit sind verschlossen, nur nicht für die Ohren des Verständnisses.

Kybalion

Die grundlegenden esoterischen und okkulten Lehren wurden vom alten Ägypten übernommen, die die Philosophien aller Ethnien, Nationen und Völker einige Tausend Jahre lang so stark beeinflusst haben. Ägypten, das Land der Pyramiden und der Sphinx, der Geburtsort der verborgenen Weisheiten und der mystischen Lehren. Alle Nationen haben aus seinen geheimen Lehren geschöpft, Indien, Persien, Chaldäa, Medea, China, Japan, Assyrien, das alte Griechenland und Rom und andere Länder des Altertums nahmen großzügig teil an dem Festmahl des Wissens, das die Hierophanten und Meister des Landes der Isis so freigebig für diejenigen bereiteten, die bereit waren, an den aufgespeicherten mystischen und okkulten Lehren teilzunehmen, die die großen Geister dieses alten Landes zusammengetragen hatten.

Im alten Ägypten wohnten die großen Adepten und Meister, die in den Jahrtausenden, die seit den Tagen des großen Hermes verflossen sind, niemals übertroffen und selten erreicht wurden. In Ägypten war der Sitz der Großen Loge der Mystiker. Ihre Tempel wurden von Novizen betreten, die später als Hierophanten, Adepten und Meister in alle Teile der Welt wanderten und das kostbare Wissen mit sich trugen, das sie bereit und willens waren, denen zu übermitteln, die ebenso bereit waren, es zu empfangen. Alle Schüler des Okkultismus wissen, was sie den verehrungswürdigen Meistern dieses alten Landes schulden.

Aber unter diesen großen Meistern des alten Ägyptens lebte einst einer, den sie als Meister aller Meister anerkannten. Dieser Mann – wenn er wirklich ein Mensch war – wohnte in den frühesten Tagen in Ägypten. Er war bekannt als Hermes Trismegistos. Er war der Vater der okkulten Weisheit, der Begründer der Astrologie und der Entdecker der Alchemie. Die Einzelheiten seines Lebens, das so weit zurückliegt, sind nicht überliefert, obgleich sich mehrere alte Länder die Ehre streitig machen, vor Tausenden von Jahren sein Geburtsland gewesen zu sein. Das Datum seines Aufenthaltes in Ägypten, d. h. seine letzte Inkarnation auf diesem Planeten, ist nicht bekannt. Aber man hat es auf die ersten Anfänge der ältesten ägyptischen Dynastien festgelegt, lange vor den Tagen des Moses. Autoritäten auf diesem Gebiet halten ihn für einen Zeitgenossen von Abraham und einige jüdische Überlieferungen gehen so weit zu behaupten, dass Abraham einen Teil seines mystischen Wissens von Hermes selbst empfangen habe.

Als die Jahre vergingen, nachdem er dieses Leben verlassen hatte (den Überlieferungen zufolge soll er dreihundert Jahre im Fleische gelebt haben), machten die Ägypter Hermes zu einem ihrer Götter und nannten ihn »Thoth«. Später erhoben ihn die alten Griechen ebenfalls zu einem ihrer vielen Götter mit dem Namen »Hermes, Gott der Weisheit«. Die alten Ägypter ehrten sein Andenken noch viele Jahrhunderte, ja Jahrtausende lang. Sie nannten ihn den »Schriftgelehrten der Götter« und verliehen ihm seinen alten Titel »Trismegistos«, d. h. »der dreimal Große«, »der ganz Große«, »der Allergrößte« usw. In allen alten Ländern wurde der Name Trismegistos verehrt und dieser Name war gleichbedeutend mit »Quelle der Weisheit«. Sogar bis zum heutigen Tage benutzen wir den Ausdruck »hermetisch« im Sinne von »geheim, versiegelt, sodass nichts entschlüpfen kann« usw. Und dies aus dem Grunde, weil die Nachfolger von Hermes stets das Prinzip der Geheimhaltung bei ihren

Lehren beobachteten. Sie hielten nichts davon, »Perlen« vor die »Säue« zu werfen, sondern hielten sich vielmehr an die Lehre »Milch für Babys, Fleisch für starke Menschen«. Grundsätze, die beide den Lesern christlicher Schriften vertraut sind, die aber beide von den Ägyptern Jahrhunderte vor der christlichen Ära schon angewandt wurden. Und diese Politik sparsamer Ausstreuung der Wahrheit hat die Hermetiker stets charakterisiert, selbst bis zum heutigen Tage. Die hermetische Lehre findet sich in allen Ländern, unter allen Religionen, aber niemals identifiziert mit einem bestimmten Lande noch mit einer bestimmten religiösen Sekte. Und dies wegen der Mahnung der alten Lehrer, man dürfe die geheime Lehre nie zu einem Glaubensbekenntnis kristallisieren lassen. Die Weisheit dieser Vorsicht ist für alle diejenigen, die Geschichte studieren, augenscheinlich. Der alte Okkultismus Indiens und Persiens ist degeneriert und nahezu verloren gegangen, weil die Lehrer Priester wurden und so Theologie und Philosophie vermischten. Die Folge war, dass der Okkultismus Indiens und Persiens allmählich verloren ging in der Masse von Aberglauben, religiösen Kulten, Glaubensbekenntnissen und »Göttern«. So ging es auch im alten Griechenland und Rom. So war es auch mit den hermetischen Lehren der Gnostiker und des frühen Christentums, die zur Zeit Konstantins verloren gingen, dessen eiserne Hand die Philosophie mit dem Dämpfer der Theologie erstickte, wodurch die christliche Kirche das verlor, was ihr eigentliches Wesen und ihr Geist war, und sie mehrere Jahrhunderte lang herumtappte, bevor sie den Weg zum alten Glauben zurückfand. Für alle sorgfältigen Beobachter in diesem 20. Jahrhundert ist es augenscheinlich, dass die Kirche darum kämpft, zu ihren alten mystischen Lehren zurückzugelangen.

Aber immer gab es einige treue Seelen, die die Flamme am Leben erhielten, sie sorgfältig hüteten und es nicht zuließen, dass das Licht verlöschte. Und dank dieser starken Herzen und furchtlosen Geis-

ter lebt die Wahrheit noch heute unter uns. Aber sie findet sich nicht in Büchern von größerem Umfang. Sie wurde weitergegeben vom Meister zum Schüler, vom Eingeweihten zum Hierophanten, von Lippe zu Ohr. Wenn sie überhaupt niedergeschrieben wurde, war ihr Sinn verhüllt in Ausdrücke der Alchemie und Astrologie, sodass nur der sie richtig lesen konnte, der den Schlüssel dazu besaß. Das war notwendig, um den Verfolgungen durch die Theologen im Mittelalter zu entgehen, die gegen die geheime Lehre mit Feuer und Schwert fochten, mit Pfahl, Galgen und Kreuz. Selbst bis zum heutigen Tage kann man nur wenige zuverlässige Bücher über die hermetische Philosophie finden, obgleich es in vielen Büchern, die über die verschiedenen Phasen des Okkultismus geschrieben wurden, zahllose Bezugnahmen auf sie gibt. Und doch ist die hermetische Philosophie der einzige Hauptschlüssel, der alle Tore der okkulten Lehre öffnen kann.

In frühester Zeit gab es eine Sammlung gewisser grundsätzlicher hermetischer Lehren, die von den Lehrern an die Schüler weitergegeben wurden, die unter dem Namen *Kybalion* bekannt war, ein Ausdruck, dessen Bedeutung seit mehreren Jahrhunderten verloren gegangen ist. Die Lehre jedoch ist vielen bekannt, denen sie überkommen ist von Mund zu Ohr und immer so weiter die Jahrhunderte hindurch. Diese Lehren sind, soweit wir wissen, niemals niedergeschrieben oder gedruckt worden. Es war nur eine Sammlung von Grundsätzen und Vorschriften, die unverständlich für Außenstehende waren, die aber leicht von den Schülern verstanden wurden, den Grundsätzen und Vorschriften gemäß, die den Novizen durch die hermetischen Eingeweihten erklärt und durch Beispiele belegt wurden. Diese Lehren legten tatsächlich die grundsätzlichen Prinzipien der »Kunst der hermetischen Alchemie« fest, welche im Gegensatz zur allgemeinen Auffassung viel mehr die Beherrschung der geistigen Kräfte als der materiellen Elemente betrieb – der Ver-

wandlung einer Art geistiger Schwingungen in andere, anstatt ein Metall in ein anderes zu verwandeln. Die Legenden von dem »Stein der Weisen«, der unedle Metalle in Gold verwandeln kann, waren eine Allegorie über die hermetische Philosophie, die leicht von allen Schülern der wahren Hermetik verstanden wurde.

Wir laden unsere Schüler ein, in diesem kleinen Buch, dessen erste Lektion dies ist, die hermetischen Lehren zu untersuchen, wie sie im *Kybalion* dargelegt und von uns bescheidenen Schülern der Lehre erklärt wurden, die zwar den Titel von Eingeweihten tragen, sich aber immer noch als Schüler zu Füßen des Hermes, des Meisters, betrachten. Wir geben Euch darin viele Grundsätze und Vorschriften des *Kybalion*, begleitet von Erklärungen und Beispielen, die wir für geeignet halten, den neuen Schülern die Lehre leichter verständlich zu machen, besonders da der Originaltext absichtlich in dunkle Ausdrücke verhüllt ist.

Die ursprünglichen Grundsätze und Vorschriften des *Kybalion* sind in Anführungszeichen gedruckt, um sie gebührend hervorzuheben. Unsere eigene Arbeit ist in gewöhnlicher Weise gedruckt. Wir hoffen, dass die vielen Schüler, denen wir dies kleine Werk jetzt anbieten, so viel Vorteil aus dem Studium dieser Zeilen ziehen werden wie die vielen, die damit schon früher begonnen haben. Sie wandern den gleichen Pfad zur Meisterschaft im Laufe der Jahrhunderte, die seit den Zeiten von Hermes Trismegistos verflossen sind, des Meisters aller Meister, des ganz Großen.

Mit den Worten des *Kybalion*:

Wohin die Fußstapfen des Meisters fallen, öffnen sich die Ohren derjenigen weit, die bereit sind für seine Lehren.

Wenn die Ohren des Schülers bereit sind zu hören, dann kommen die Lippen, sie mit Weisheit zu füllen.

So wird die Lehre gemäß der Weitergabe dieses Buches an solche, die bereit sind für die Unterweisung, die Aufmerksamkeit derer erregen, die vorbereitet sind, die Lehre zu empfangen. Und gleichermaßen, wenn der Schüler bereit ist zu empfangen, dann wird auch dies kleine Buch zu ihm oder zu ihr kommen. So will es das Gesetz. Das hermetische Prinzip von Ursache und Wirkung wird nach dem Gesetz der Anziehung Lippe und Ohr zusammenbringen – Schüler und Buch gleichermaßen. So möge es sein!

2| Die sieben hermetischen Prinzipien

Es gibt sieben Prinzipien der Wahrheit. Derjenige, der sie kennt mit vollem Verständnis, besitzt den magischen Schlüssel, bei dessen Berührung sich alle Tore des Tempels öffnen.

Kybalion

Die sieben hermetischen Prinzipien, auf denen die ganze hermetische Philosophie begründet ist, sind die folgenden:

1. Das Prinzip der Geistigkeit
2. Das Prinzip der Entsprechung
3. Das Prinzip der Schwingung
4. Das Prinzip der Polarität
5. Das Prinzip des Rhythmus
6. Das Prinzip von Ursache und Wirkung
7. Das Prinzip des Geschlechts

Diese sieben Prinzipien sollen in den folgenden Lektionen besprochen und erklärt werden. Eine kurze Erklärung eines jeden soll jedoch schon jetzt erfolgen.

1. Das Prinzip der Geistigkeit

Das All ist Geist, das Universum ist geistig.

Kybalion

Dieses Prinzip enthält die Wahrheit »Alles ist Geist«. Es erklärt, dass das All – das die substanzielle Realität ist, welche allen äußerlichen Manifestationen und Erscheinungen zugrunde liegt, die wir unter den Bezeichnungen »materielles Universum«, »Erscheinungsformen des Lebens«, »Materie«, »Energie« kennen, kurz alles, was für unsere materiellen Sinne in Erscheinung tritt – dass das All, sagten wir, Geist ist, der selbst unerkennbar und unerklärbar ist, der aber als universaler, schöpferischer Geist angesehen und gedacht werden kann. Das erklärt auch, dass die ganze Erscheinungswelt oder das Universum nur eine geistige Schöpfung des Alls ist, unterworfen den Gesetzen aller geschaffenen Dinge, und dass das Universum als Ganzes und auch in seinen Teilen und Einheiten seine Existenz im Geiste des Alls hat, in welchem Geiste wir »leben, uns bewegen und unser Dasein haben«. Dieses Prinzip erklärt, indem es die geistige Natur des Universums festlegt, leicht alle die verschiedenen geistigen und seelischen Phänomene, die die öffentliche Aufmerksamkeit in so großem Maße beschäftigen und die ohne solche Erklärung unverständlich sind und sich wissenschaftlicher Behandlung entziehen. Das Verständnis dieses großen hermetischen Prinzips der Geistigkeit befähigt den Menschen, die Gesetze des geistigen Universums leichter zu begreifen und sie zu seinem Wohlbefinden und Vorwärtskommen anzuwenden. Der hermetische Schüler ist in der Lage, die großen geistigen Gesetze verständnisvoll anzuwenden, anstatt ihre Anwendung dem Zufall zu überlassen. Mit dem Hauptschlüssel in der Hand kann der Schüler die vielen Tore des geistigen und psychischen Tempels des Wissens

öffnen und ihn frei und verständnisvoll betreten. Dieses Prinzip erklärt die wahre Natur von »Energie«, »Kraft«, »Stoff« und warum und wie sie alle der Herrschaft des Geistes unterworfen sind. Vor langer Zeit schrieb einer der hermetischen Meister:

> *Derjenige, der die Wahrheit der geistigen Natur des Universums begreift, ist weit auf dem Wege zur Meisterschaft fortgeschritten.*

Und diese Worte sind heute so wahr wie damals, als sie zum ersten Male geschrieben wurden. Ohne diesen Hauptschlüssel ist Meisterschaft unmöglich und der Schüler pocht vergeblich an die vielen Tore des Tempels.

2. Das Prinzip der Entsprechung

Wie oben, so unten; wie unten, so oben.

Kybalion

Dieses Prinzip enthält die Wahrheit, dass es zwischen den Gesetzen und Erscheinungsformen der verschiedenen Ebenen des Seins und des Lebens eine Entsprechung gibt. Der alte hermetische Grundsatz lautete: »Wie oben, so unten; wie unten, so oben.« Und das Begreifen dieses Prinzips gibt einem die Mittel in die Hand, manchen unklaren Widerspruch zu lösen und manch verborgenes Geheimnis der Natur. Es gibt Ebenen jenseits unseres Wissens, aber wenn wir das Prinzip der Entsprechung auf sie anwenden, können wir viel verstehen, was sonst unbegreiflich für uns wäre. Dieses Prinzip tritt auf den verschiedenen Ebenen des materiellen, geistigen und rein geistigen Universums in Anwendung und Erscheinung – es ist ein universales Gesetz.

Die alten Hermetiker betrachteten dieses Prinzip als eines der wichtigsten geistigen Werkzeuge, mit denen der Mensch die Hindernisse beiseite räumen konnte, die das Unbekannte dem Blick entzogen. Seine Anwendung zog sogar den Schleier der Isis so weit beiseite, dass man für einen Augenblick das Antlitz der Göttin erblicken konnte. Wie die Kenntnis des Prinzips der Geometrie den Menschen befähigt, in seinem Observatorium sitzend weit entfernte Sonnen und ihre Bewegungen zu erkennen, so befähigt die Kenntnis des Prinzips der Entsprechung den Menschen, verständnisvoll vom Bekannten zum Unbekannten seine Schlüsse zu ziehen. Indem er die Monade erforscht, lernt er den Erzengel verstehen.

3. Das Prinzip der Schwingung

Nichts ist in Ruhe, alles bewegt sich, alles ist in Schwingung.

Kybalion

Dieses Prinzip enthält die Wahrheit, dass »alles in Bewegung ist, alles schwingt, nichts in Ruhe ist«, Tatsachen, denen die moderne Wissenschaft beipflichtet und die jede neue wissenschaftliche Entdeckung zu bestätigen neigt. Und doch war dieses hermetische Prinzip schon vor Tausenden von Jahren von den alten ägyptischen Meistern verkündet worden. Dieses Prinzip erklärt, dass alle Unterschiede zwischen den verschiedenen Manifestationen des Stoffes, der Energie, der Gedanken und sogar des Geistes im weitesten Maße von den verschiedenen Graden der Schwingung abhängen. Vom »All«, das reiner Geist ist, bis herunter zur gröbsten Form der Materie ist alles in Schwingung: je höher die Schwingungszahl, desto höher die Position in der Skala. Die Schwingung des Geistes hat einen so unendlichen Stärkegrad und eine solche Schnel-

ligkeit, dass sie sich praktisch in Ruhe befindet – genauso wie ein sich reißend schnell bewegendes Rad bewegungslos zu sein scheint. Und am anderen Ende der Skala sind die groben Formen der Materie, deren Schwingungen so langsam sind, dass auch sie in Ruhe zu sein scheinen. Zwischen diesen Polen gibt es Millionen über Millionen verschiedener Grade von Schwingung. Vom Körperlichen im Elektron, Atom und Molekül zu Welten und Universen ist alles in schwingender Bewegung. Dies ist auch auf den Ebenen von Energie und Kraft wahr, die nur verschiedenartige Grade von Schwingung sind, ebenso auf den geistigen Ebenen, deren Zustände von der Schwingung abhängen, und schließlich auf den rein geistigen Ebenen. Das Verständnis dieses Prinzips befähigt die hermetischen Schüler unter Anwendung der entsprechenden Vorschriften (Formeln), ihre eigenen geistigen Schwingungen sowie die anderer zu beherrschen. Die Meister wenden dieses Prinzip auch in verschiedener Weise an, um Naturphänomene zu überwinden.

»Derjenige, der das Prinzip der Schwingung versteht, hat das Zepter der Macht ergriffen«, schrieb einer der alten Meister.

4. Das Prinzip der Polarität

Alles ist zweifach, alles hat zwei Pole, alles hat sein Paar von Gegensätzlichkeiten; gleich und ungleich ist dasselbe; Gegensätze sind identisch in der Natur, nur verschieden im Grad; Extreme berühren sich; alle Wahrheiten sind nur halbe Wahrheiten; alle Widersprüche können miteinander in Einklang gebracht werden.

Kybalion

Dieses Prinzip enthält die Wahrheit »Alles ist zweifach; alles hat zwei Pole; alles hat sein Paar von Gegensätzlichkeiten« – alles dies sind hermetische Grundsätze. Es erklärt die alten Paradoxe, die so viele in Erstaunen gesetzt haben und die folgendermaßen aufgestellt wurden: These und Antithese sind identisch in der Natur; Gegensätze können in Einklang gebracht werden; Extreme berühren sich; alles ist und ist nicht zu gleicher Zeit; alle Wahrheiten sind bloß halbe Wahrheiten; jede Wahrheit ist zur Hälfte falsch; jedes Ding hat zwei Seiten usw. Es erklärt, dass in allem zwei Pole sind oder gegensätzliche Aspekte und dass die Gegensätze in Wirklichkeit nur die Extreme ein und desselben Dinges sind mit verschiedenen Graden dazwischen.

Z.B. Hitze und Kälte, obgleich »Gegensätze«, sind in Wirklichkeit dasselbe, die Unterschiede bestehen lediglich in den verschiedenen Graden desselben Dinges. Sieh Dein Thermometer an und schau, ob Du entdecken kannst, wo die »Hitze« aufhört und die »Kälte« beginnt. Es gibt nicht so etwas wie »absolute Hitze« oder »absolute Kälte«, die beiden Ausdrücke »Hitze« und »Kälte« bezeichnen lediglich verschiedene Grade desselben Dinges und dieses »selbe Ding«, das als »Hitze« und »Kälte« in Erscheinung tritt, ist nur eine Form bzw. ein Grad der Schwingung. So sind »Hitze« und »Kälte« nur die beiden Pole dessen, was wir »Wärme« nennen –

und die Erscheinungen, die sich daraus ergeben, sind nur Manifestationen des Prinzips der Polarität. Wo hört die Dunkelheit auf und beginnt das Licht? Was ist der Unterschied zwischen »groß« und »klein«, zwischen »hart« und »weich«, zwischen »schwarz« und »weiß«, zwischen »scharf« und »stumpf«, zwischen »laut« und »leise«, zwischen »hoch« und »niedrig«, zwischen »positiv« und »negativ«? Das Prinzip der Polarität erklärt diese Widersprüche und kein anderes Prinzip kann es ersetzen. Dasselbe Prinzip wirkt auf der geistigen Ebene. Nennen wir ein radikales und extremes Beispiel, das von »Liebe« und »Hass« – zwei geistige Zustände, die augenscheinlich völlig verschieden sind. Und doch gibt es Grade von »Liebe« und »Hass« und einen mittleren Punkt, wo wir die Ausdrücke »Zuneigung« und »Abneigung« gebrauchen, die so allmählich ineinander übergehen, dass wir manchmal in Verlegenheit sind zu wissen, ob wir »gern mögen« oder »nicht mögen« oder »keines von beiden«. Alles dies sind lediglich Grade desselben Dinges, was man erkennt, wenn man nur ein wenig nachdenkt. Und mehr als das – und was von den Hermetikern für noch wichtiger gehalten wird –, es ist möglich, die Schwingungen von Hass in Schwingungen von Liebe zu verwandeln, bei sich und bei anderen. Viele von Euch, die diese Zeilen lesen, haben persönliche Erfahrungen über den unfreiwillig schnellen Übergang von Liebe in Hass und umgekehrt, bei Euch selbst und bei anderen. Und Ihr werdet darum die Möglichkeit erkennen, dass dies durch Inanspruchnahme des Willens bewirkt werden kann unter Anwendung der hermetischen Formeln. »Gutes« und »Böses« sind nur die Pole ein und desselben Dinges, und der Hermetiker versteht die Kunst, Böses in Gutes zu verwandeln unter Anwendung des Prinzips der Polarität. Kurz, die »Kunst der Polarisation« ist ein Teil der »geistigen Alchemie«, gekannt und angewandt von den alten und neuen hermetischen Meistern. Das Verständnis dieses Prinzips befähigt einen, seine

eigene Polarität zu ändern, sowie die von anderen, falls man die Zeit und das Studium darauf verwendet, diese Kunst zu lernen.

5. Das Prinzip des Rhythmus

Alles fließt aus und ein, alles hat seine Gezeiten, alle Dinge steigen und fallen, das Schwingen des Pendels zeigt sich in allem; das Maß des Schwunges nach rechts ist das Maß des Schwunges nach links; Rhythmus kompensiert.

Kybalion

Dieses Prinzip enthält die Wahrheit, dass sich in allem eine abgemessene Bewegung zeigt, hin und her, ein Hin- und Zurückfließen, eine pendelgleiche Bewegung, eine gezeitengleiche Ebbe und Flut, ein hoher und ein niedriger Stand, das alles zwischen den beiden Polen, die gemäß dem Prinzip der Polarität bestehen, das soeben beschrieben wurde. Es gibt immer eine Aktion und Reaktion, ein Vorwärtsschreiten und ein Zurückgehen, ein Steigen und Fallen. Und dies in den Geschehnissen des Universums, der Sonnen, der Welten, der Menschen, Tiere, des Geistes, der Energie und der Materie. Dieses Gesetz offenbart sich im Entstehen und Vergehen von Welten, im Aufstieg und Untergang von Nationen, im Leben aller Dinge, in den geistigen Zuständen der Menschen, und im Hinblick auf Letztere finden die Hermetiker das Verständnis dieses Prinzips ganz besonders wichtig. Die Hermetiker haben dieses Prinzip erkannt und gefunden, dass es allgemein angewandt wird, und sie haben auch die Mittel entdeckt, durch den Gebrauch entsprechender Formeln und Methoden die Wirkung desselben auf sie selbst zu überwinden. Sie wenden das geistige Gesetz der »Neutralisation« an. Sie können das Prinzip nicht annullieren oder bewirken,

dass seine Ausübung aufhöre, aber sie haben durch Beherrschung des Prinzips gelernt, der Wirkung auf sie selbst bis zu einem gewissen Grade zu entgehen. Sie haben gelernt, es auszunutzen, statt von ihm ausgenutzt zu werden. Auf dieser und ähnlichen Methoden beruht die Kunst der Hermetiker. Der hermetische Meister polarisiert sich selbst an dem Punkt, wo er zu ruhen wünscht, und dann neutralisiert er den rhythmischen Schwung des Pendels, der ihn sonst zum anderen Pol hintragen würde. Alle Menschen, die ein gewisses Maß von Selbstbeherrschung erreicht haben, tun dies bis zu einem gewissen Grade mehr oder weniger unbewusst, der hermetische Meister aber tut das bewusst und unter Anwendung seines Willens und erreicht damit eine Gewichtigkeit und geistige Festigkeit, die den Massen, die hin- und hergeschwungen werden wie ein Pendel, nahezu unmöglich erscheint. Dieses Prinzip und das der Polarität sind von den Hermetikern besonders studiert und die Methoden der Gegenwirkung, des Neutralisierens und Ausnutzens, bilden einen wichtigen Teil der hermetischen geistigen Alchemie.

6. Das Prinzip von Ursache und Wirkung

Jede Ursache hat ihre Wirkung, jede Wirkung ihre Ursache, alles geschieht gesetzmäßig, Zufall ist nur der Name für ein unbekanntes Gesetz. Es gibt viele Ebenen der Ursächlichkeit, aber nichts entgeht dem Gesetz.

Kybalion

Dieses Prinzip enthält die Tatsache, dass es für jede Wirkung eine Ursache gibt und für jede Ursache eine Wirkung. Es erklärt: Alles geschieht gesetzmäßig, nichts ereignet sich zufällig, es gibt nicht so etwas wie Zufall; es gibt verschiedene Ebenen von Ursache und Wirkung, die höheren beherrschen die niederen Ebenen und doch kann nichts völlig dem Gesetz entgehen. Die Hermetiker verstehen die Kunst, sich über die gewöhnliche Ebene von Ursache und Wirkung zu erheben. Indem sie sich geistig zu einer höheren Ebene erheben, werden sie Ursache statt Wirkung. Die Massen des Volkes werden dahingetragen, sind ihrer Umgebung Untertan. Wille und Wünsche der anderen sind stärker als sie. Und andere äußere Ursachen bewegen sie wie Figuren auf dem Schachbrett des Lebens. Aber die Meister beherrschen, indem sie sich auf eine höhere Ebene erheben, ihre Stimmungen, ihren Charakter, ihre Eigenschaften und Kräfte sowie ihre Umgebung und werden Spieler statt Figuren. Sie helfen das Spiel des Lebens zu spielen, anstatt dass mit ihnen gespielt wird und sie durch einen anderen Willen oder durch ihre Umgebung bewegt werden. Diese Feststellung birgt einen Reichtum hermetischen Wissens. Entnehme ihn, wer kann!

7. Das Prinzip des Geschlechts

Geschlecht ist in allem, alles hat männliche und weibliche Prinzipien, Geschlecht offenbart sich auf allen Ebenen.

Kybalion

Dieses Prinzip enthält die Wahrheit, dass sich das Geschlecht in allem offenbart. Die männlichen und weiblichen Prinzipien sind immer am Werk. Dies ist nicht nur auf der physischen Ebene wahr, sondern auch auf den geistigen und sogar den rein geistigen Ebenen. Auf der physischen Ebene offenbart sich das Prinzip als Geschlechtlichkeit, auf den höheren Ebenen nimmt es höhere Formen an, aber das Prinzip ist immer dasselbe. Keine Schöpfung physischer, geistiger oder rein geistiger Art ist möglich ohne dieses Prinzip. Das Verständnis dieses Gesetzes wirft Licht auf manche Frage, die die Menschen in Erstaunen gesetzt hat. Das Prinzip des Geschlechts arbeitet stets in der Richtung der Zeugung, Wiedererzeugung und Schöpfung. Jedes Ding, jede Form enthält die zwei Elemente oder Prinzipien oder, besser gesagt, dieses große Prinzip in sich. Alles Männliche besitzt auch das weibliche Element, jedes Weibliche enthält auch das männliche Prinzip. Wenn man die Philosophie der geistigen und rein geistigen Schöpfung, Zeugung und Wiedererzeugung verstehen will, muss man dieses hermetische Prinzip kennen und studieren. Es enthält die Lösung vieler Mysterien des Lebens. Wir bitten Euch zu beachten, dass dieses Prinzip keine Beziehung zu den vielen niedrigen, zerstörenden und erniedrigenden lüsternen Theorien, Lehren und Praktiken hat, die unter märchenhaften Titeln gelehrt werden und die eine Entweihung des großen natürlichen Prinzips des Geschlechts bedeuten. Solch niedrige Wiederauferstehungen der alten schändlichen Form des Phallizismus neigen dazu, Geist, Körper und Seele zu verderben, und die hermetische

Philosophie hat stets ihre warnende Stimme erhoben gegen die erniedrigenden Lehren, die sich an die Lüsternheit, Wollust und Umkehrung der natürlichen Prinzipien wenden. Wenn Ihr solche Lehren meint, so müsst Ihr woanders suchen – die hermetische Philosophie enthält nichts für Euch in diesen Zeilen. Dem Reinen ist alles rein, dem Gemeinen sind alle Dinge gemein.

3| Die geistige Verwandlung

Geist (sowie Metalle und Elemente) kann verwandelt werden von Zustand zu Zustand, von Grad zu Grad, von Lage zu Lage, von Pol zu Pol, von Schwingung zu Schwingung.

Kybalion

Wie wir festgestellt haben, waren die Hermetiker die ursprünglichen Alchemisten, Astrologen und Psychologen, nachdem Hermes der Gründer dieser Schulen des Denkens war. Aus der Astrologie ist die moderne Astronomie, aus der Alchemie die moderne Chemie, aus der mystischen Psychologie die moderne Psychologie (der Schulen) entstanden. Aber man darf nicht annehmen, dass den Alten nicht bekannt war, was die modernen Schulen als ihr ausschließliches und besonderes Eigentum ansehen. Die Steinzeichnungen im alten Ägypten zeigen klar, dass die Alten ein voll umfassendes Wissen über Astronomie hatten; gerade der Bau der Pyramiden zeigt die Verbindung zwischen ihrem Entwurf und dem Studium der astronomischen Wissenschaft. Auch in der Chemie waren sie nicht unwissend, denn die Fragmente alter Schriften zeigen, dass ihnen die chemischen Eigenschaften der Dinge bekannt waren. Tatsächlich werden die alten Theorien über Physik langsam durch die letzten Entdeckungen der modernen Wissenschaft bestätigt, bemerkenswerterweise durch diejenigen, die die Zusammensetzung der Materie betreffen. Man darf auch nicht annehmen, dass sie so unwissend auf dem Gebiete der sogenannten modernen Entdeckungen in der Psychologie gewesen sind – im Gegenteil, die Ägypter waren kundig in der Wissenschaft der Psychologie, besonders in den Zweigen, die die modernen Schulen

nicht beachten, welche aber nichtsdestoweniger unter dem Namen »Seelenkunde« aufgedeckt wurden. Überrascht und zögernd gibt die heutige Psychologie zu, dass »da doch etwas dran sein könnte«.

Die Wahrheit ist, dass die Alten über die materielle Chemie, Astronomie und Psychologie hinausgehend Kenntnisse besaßen, über transzendentale Astronomie, genannt Astrologie, über transzendentale Chemie, d. h. Alchemie, und transzendentale Psychologie, genannt mystische Psychologie. Sie besaßen sowohl das innere wie das äußere Wissen; die modernen Wissenschaftler besitzen nur das Letztere. Unter den vielen geheimen Wissensgebieten, die die Hermetiker beherrschten, war auch das, welches als geistige Transmutation bekannt ist und das Thema dieser Lektion bildet.

»Verwandlung« ist eine Bezeichnung, die gewöhnlich gebraucht wird, um die alte Kunst der Verwandlung von Metallen zu bezeichnen, besonders von unedlen Metallen in Gold. »Verwandeln heißt verändern, von einer Natur, Form, Substanz in eine andere »umbilden« (Webster). Dementsprechend bedeutet »geistige Verwandlung« die Kunst, geistige Zustände, Formen und Bedingungen in andere zu verändern und umzuformen. So kann man sehen, dass »geistige Verwandlung« die Kunst der geistigen Chemie ist. Man kann auch sagen eine Form praktischer mystischer Psychologie.

Aber das bedeutet viel mehr, als es oberflächlich erscheint. Verwandlung! Alchemie oder Chemie auf der geistigen Ebene ist zwar bedeutend genug in ihren Wirkungen, und wenn die Kunst hier haltmachte, so würde sie schon eines der bedeutendsten Forschungsgebiete sein, das die Menschen kennen. Aber das ist erst der Anfang. Wir wollen sehen, warum.

Das erste der sieben hermetischen Prinzipien ist das der Geistigkeit, dessen Grundsatz heißt: »Das All ist Geist, das Universum ist geistig«, d. h., die dem Universum zugrunde liegende Realität ist Geist; das Universum selbst ist geistig, d. h., es besteht im

schöpferischen Geiste des Alls. Wir werden dieses Prinzip in den folgenden Lektionen behandeln, wollen es aber jetzt schon mit der Voraussetzung betrachten, es sei wahr.

Wenn das Universum seiner Natur nach geistig ist, dann muss geistige Umwandlung die Kunst sein, die Bedingungen des Universums auf den Gebieten von Materie, Kraft und Geist zu verändern. Man sieht also: Geistige Verwandlung ist wirklich die »Magie«, über die die alten Schriftsteller in ihren mystischen Werken so viel zu sagen hatten und über die sie so wenig praktische Anweisungen gegeben haben. Wenn das All wirklich geistig ist, dann muss die Kunst, die geistigen Bedingungen zu verändern, den Meister zum Beherrscher aller materiellen und der im Allgemeinen geistig genannten Zustände machen.

Tatsächlich sind nur fortgeschrittene geistige Alchemisten in der Lage gewesen, das Maß von Kraft zu erreichen, das notwendig ist, um die gröberen physischen Zustände zu beherrschen, wie die Beherrschung der Elemente der Natur, das Hervorrufen und Besänftigen von Stürmen, Erdbeben und anderen großen physikalischen Erscheinungen. Aber dass solche Menschen wirklich gelebt haben und auch heute wirklich existieren, davon sind alle fortgeschrittenen Okkultisten aller Schulen ernsthaft überzeugt. Dass die Meister existieren und diese Kräfte haben, das versichern die besten Lehrer ihren Schülern, weil sie Erfahrungen gemacht haben, die diesen Glauben rechtfertigen. Diese Meister stellen ihre Kräfte nicht öffentlich zur Schau, sondern suchen Abgeschiedenheit von der großen Masse, um auf dem Wege zum Ziel besser vorwärts zu kommen. Wir erwähnen hier ihr Dasein lediglich, um Eure Aufmerksamkeit auf die Tatsache zu lenken, dass ihre Macht ausschließlich geistig ist, auf der Ebene höherer geistiger Umformung wirkt unter dem hermetischen Prinzip der Geistigkeit.

Das Universum ist geistig.

Aber auch Schüler und Hermetiker niedrigerer Grade als die Meister – die Eingeweihten und Lehrer – sind in der Lage, auf der geistigen Ebene geistige Transmutationen frei auszuführen. Tatsächlich arbeitet alles, was wir »psychische Phänomene«, »geistige Einflüsse«, »Geisteswissenschaft« usw. nennen, auf derselben allgemeinen Linie, denn in allem ist nur ein Prinzip enthalten, ganz gleich welchen Namen man ihm gibt.

Der Schüler und Praktiker geistiger Verwandlung arbeitet auf der geistigen Ebene, indem er geistige Zustände usw. in andere verwandelt gemäß verschiedenen mehr oder weniger wirksamen Vorschriften. Die Tatsache ihrer verschiedenartigen Behandlung – Bestätigung oder Verneinung – durch die Schulen geistiger Wissenschaft zeigt, dass es sich hier nur um ganz unvollkommene und unwissenschaftliche Formeln der hermetischen Kunst handelt. Die Mehrheit der modernen Praktiker ist gänzlich unwissend im Vergleich zu den alten Meistern, denn es fehlen ihnen die grundlegenden Kenntnisse, auf denen das Werk beruht.

Man kann die geistigen Zustände aber nicht nur bei sich selbst durch die hermetischen Methoden verwandeln, sondern auch bei anderen. In gleicher Weise geschehen oft geistige Verwandlungen – meist unbewusst, oft aber auch bewusst durch Menschen – die die Gesetze und Prinzipien gar nicht verstehen, an anderen Unerfahrenen, denen die Prinzipien des Selbstschutzes ebenso unbekannt sind. Und mehr als das. Wie viele Schüler und Praktiker der modernen Geisteswissenschaften wissen, kann jeder materielle Zustand, der von der geistigen Einstellung anderer Leute abhängt, geändert oder verändert werden durch den ernsten Willen seitens der Person, die diese veränderten Lebensbedingungen wünscht. Die Öffentlichkeit ist heute im Allgemeinen über diese Dinge unterrichtet, sodass

wir es nicht für notwendig halten, sie des Längeren zu erwähnen. Unsere Absicht ist lediglich, hier das hermetische Prinzip und die Kunst aufzuweisen, die all diesen verschiedenen guten und bösen Praktiken zugrunde liegt, denn die Kraft kann auf verschiedene Seiten hin angewandt werden, gemäß der hermetischen Prinzipien der Polarität.

In diesem kleinen Buch wollen wir die Grundprinzipien der hermetischen Transmutation festlegen, damit alle, die es lesen, die zugrunde liegenden Prinzipien begreifen und so den Hauptschlüssel besitzen, der die vielen Tore des Prinzips der Polarität erschließt.

Wir wollen jetzt zu einer Betrachtung des ersten der sieben hermetischen Prinzipien übergehen, des Prinzips der Geistigkeit, in dem die Wahrheit »Das All ist Geist, das Universum ist geistig«, nach den Worten des *Kybalion*, erklärt wird. Wir fordern größte Aufmerksamkeit und sorgsames Studium dieses bedeutenden Prinzips seitens unserer Schüler, denn es ist wahrlich das Grundprinzip der ganzen hermetischen Philosophie und der hermetischen Kunst geistiger Umwandlung.

4| Das All

Unter und hinter dem Universum von Zeit, Raum und Wechsel findet man immer die substanzielle Realität – die fundamentale Wahrheit.

Kybalion

Substanz heißt das, was allen äußerlichen Offenbarungen zugrunde liegt, die »Essenz«, die »essenzielle Realität«, das »Ding an sich« usw. »Substanziell« heißt: »der Zustand, wirklich zu sein«, »mehr, dauernd, wirksam, fest, bestimmt, gegenwärtig sein« usw.

Unter und hinter allen äußeren Erscheinungen und Offenbarungen muss es immer eine »substanzielle Realität« geben. So ist das Gesetz. Wenn der Mensch das Universum, von dem er ein Teil ist, betrachtet, sieht er nichts als den Wandel in der Materie, in den Kräften und geistigen Zuständen. Er sieht, dass nichts in Wirklichkeit ist, sondern dass alles wird und sich ändert. Nichts steht still, alles wird geboren, wächst und stirbt – in demselben Augenblick, wo ein Ding seinen Höhepunkt erreicht, beginnt sein Niedergang. Das Gesetz des Rhythmus ist in dauernder Tätigkeit, es gibt keine Realität, keine dauernde Eigenschaft, keine unveränderte Wesenheit in irgendetwas – nichts ist dauernd als der Wechsel. Er sieht, wie sich alle Dinge aus anderen Dingen entwickeln und sich zu anderen Dingen auflösen: eine dauernde Aktion und Reaktion, ein Ein und Aus, Aufbauen und Niederreißen, Schöpfung und Zerstörung, Geburt, Wachstum und Tod. Nichts dauert als der Wechsel. Als denkender Mensch erkennt er, dass all diese wechselnden Dinge

äußere Erscheinungen – Offenbarungen – einer ihnen zugrunde liegenden Kraft einer substanziellen Realität sein müssen.

Alle Denker in allen Ländern und zu allen Zeiten haben die Notwendigkeit zugegeben, die Existenz dieser substanziellen Realität zu fordern. Alle Philosophien, die dieses Namens wert sind, wurden auf diesem Gedanken aufgebaut. Die Menschen haben dieser substanziellen Realität viele Namen gegeben; einige haben sie – unter vielen Titeln – mit Gottheiten bezeichnet, andere nannten sie die »unendliche und ewige Energie«, andere haben versucht sie »Materie« zu nennen – aber alle haben ihre Existenz anerkannt. Sie ist selbstverständlich und bedarf keines Beweises.

In diesen Lektionen sind wir dem Beispiel einiger der größten Denker der Welt gefolgt, sowohl des Altertums wie der Neuzeit – den hermetischen Meistern –, und haben diese zu Grunde liegende Kraft, diese substanzielle Realität, mit dem hermetischen Namen »das All« benannt, welche Bezeichnung die verständlichste von den vielen andern ist, die die Menschen dem gegeben haben, was Namen und Bezeichnungen übersteigt. Wir akzeptieren und lehren die »Schau« der großen hermetischen Denker aller Zeiten und auch jener erleuchteten Seelen, die bereits höhere Ebenen des Seins erreicht haben, die alle versichern, dass die innere Natur des »Alls« unerkennbar ist. Das muss so sein, denn nichts als das All kann seine eigene Natur und sein Dasein verstehen.

Die Hermetiker glauben und lehren, dass das All »an sich« unerkennbar ist und immer unerkennbar bleiben muss. Sie betrachten alle Theorien, Annahmen und Spekulationen der Theologen und Metaphysiker die innere Natur des Alls betreffend nur als kindliche Versuche sterblicher Geister, das Geheimnis des Unendlichen zu begreifen. Solche Versuche sind immer fehlgeschlagen und werden immer fehlschlagen, gerade aus der Natur der Aufgabe heraus. Einer, der solche Fragen verfolgt, geht immer rund-

herum in dem Labyrinth der Gedanken, bis er für alle vernünftigen Überlegungen, Tätigkeiten und Verhalten verloren und völlig unbrauchbar für die Arbeit des Lebens geworden ist. Er ist wie ein Eichhörnchen, das wahnsinnig immerzu auf dem kreisenden Rad der Tretmühle seines Käfigs entlangläuft, immer in Bewegung und nie ein Ziel erreichend – am Ende immer noch gefangen an derselben Stelle, wo es begann.

Und noch vermessener sind diejenigen, die versuchen dem All Persönlichkeit, Eigenschaften, charakterliche Merkmale ihrer selbst beizulegen, indem sie dem All menschliche Emotionen, Gefühle und Eigenschaften bis herunter zu den geringsten Eigenschaften der Menschheit zuschreiben wie Eifersucht, Empfänglichkeit für Schmeicheleien und Lob, Wünsche hinsichtlich Opfergaben und Verehrung und all die anderen Überbleibsel aus den Tagen der Kindheit des Menschengeschlechts. Solche Ideen sind erwachsenen Männern und Frauen nicht würdig und müssen umgehend abgelegt werden.

Wir halten es für richtig, hier festzustellen, dass wir einen Unterschied zwischen Religion und Theologie, zwischen Philosophie und Metaphysik machen. Religion ist für uns jene intuitive Erkenntnis der Existenz des Alls und die Beziehung der Menschen zu ihm, während Theologie den Versuch der Menschen bedeutet, ihm Persönlichkeit, Eigenschaften und Merkmale beizulegen, sowie ihre Theorien seine Angelegenheiten, seinen Willen, seine Wünsche, Pläne und Absichten betreffend, ferner ihren Anspruch auf ein Amt von »Mittlern« zwischen dem All und den Menschen. Philosophie bedeutet für uns das Suchen nach dem Wissen erkennbarer und denkbarer Dinge, während Metaphysik den Versuch bedeutet, das Suchen über die Grenzen hinaus in unerkennbare und undenkbare Gebiete zu tragen mit derselben Absicht wie die Theologie. Wir bestehen nicht darauf, dass unsere Schüler diese Erklärungen

annehmen, wir erwähnen sie nur, um unsere Stellung zu zeigen. Jedenfalls werdet Ihr sehr wenig über Theologie und Metaphysik in diesen Lektionen hören.

Während nun die wesentliche Natur des Alls unerkennbar ist, so gibt es doch gewisse Wahrheiten, die mit ihrer Existenz in Verbindung stehen, die der menschliche Geist sich gezwungen sieht anzunehmen. Eine Prüfung dieser Berichte bildet den rechten Gegenstand des Forschens, besonders da sie mit den Berichten der Erleuchteten auf höheren Ebenen übereinstimmen. Zu dieser Forschung laden wir Euch jetzt ein:

> *Für das, was die fundamentale Wahrheit ist – die substanzielle Realität – ist Menschenwort zu arm, aber der Weise nennt sie »das All«.*
>
> *Im Kern seines Wesens ist das All unerkennbar.*
>
> *Aber die Äußerungen der Vernunft müssen willkommen geheißen und mit Achtung behandelt werden.*

Die menschliche Vernunft, deren Äußerungen wir annehmen müssen, solange wir überhaupt denken, unterrichtet uns wie folgt über das All und dies, ohne zu versuchen, den Schleier des Unerkennbaren zu lüften:

1. Das All muss alles sein, was wirklich existiert. Es kann außerhalb des Alls nichts existieren, sonst wäre das All eben nicht das All.

2. Das All muss unendlich sein, denn es gibt nichts, was das All genau bestimmen, begrenzen, beschränken kann. Es muss

unendlich sein in der Zeit oder ewig, es muss immer ununterbrochen existiert haben, denn es gibt sonst nichts, was es geschaffen haben könnte, es kann sich etwas nicht aus nichts entwickeln und wenn es jemals »nicht gewesen« wäre, nicht einmal für einen Augenblick, würde es jetzt nicht »sein« – es muss ununterbrochen für ewig existieren, denn es gibt nichts, was es zerstören kann, und es kann niemals »nicht sein«, nicht einmal für einen Augenblick, denn niemals kann etwas zu nichts werden. Es muss unendlich sein im Raum – es muss überall sein, denn es gibt keinen Ort außerhalb des Alls, es kann nicht anders sein als kontinuierlich im Raum ohne Unterbrechung, ohne Aufhören, ohne Teilung, denn es gibt nichts, das seinen Zusammenhang teilen oder unterbrechen könnte, und nichts, was die Lücken ausfüllen könnte. Es muss unendlich sein an Kraft, denn es gibt nichts, was es begrenzen, einschränken, stören oder bedingen könnte – es ist keiner anderen Kraft unterworfen, denn es gibt keine andere Kraft.

3. Das All muss unwandelbar sein und kann in seiner wahren Natur keinem Wechsel unterworfen sein, denn es gibt nichts, was eine Wandlung auf dasselbe ausüben könnte, nichts, wozu es verwandelt werden oder wovon es verwandelt sein könnte. Es kann weder addiert noch subtrahiert, vermehrt oder vermindert, größer oder geringer werden in irgendeiner Hinsicht. Es muss immer gewesen sein und muss immer bleiben, was es gerade jetzt ist – das All – es gab, gibt und wird sonst nichts geben, worin es sich verwandeln kann.

Da das All unendlich, absolut, ewig und unveränderlich ist, so muss daraus folgen, dass alles, was endlich, wandelbar, fließend und bedingt ist, nicht das All sein kann. Und da in Wirklichkeit

außerhalb des Alls nichts sein kann, so können alle solche endlichen Dinge in Wirklichkeit gar nicht bestehen. Nun seid nicht verwirrt oder erschreckt – wir versuchen keineswegs, Euch unter dem Deckmantel der hermetischen Philosophie auf das Gebiet der »Christlichen Wissenschaft« zu führen. Es gibt eine Versöhnung der anscheinend widersprechenden Lage der Dinge. Seid geduldig, wir werden noch rechtzeitig dahin kommen.

Wir sehen um uns das, was man Materie nennt, welche die physische Grundlage aller Formen bildet. Ist das All lediglich Materie? Keineswegs! Materie kann Leben oder Geist nicht offenbaren, und da Leben und Geist im Universum offenbart sind, kann das All nicht Materie sein, denn nichts steigt höher als seine eigene Quelle – nichts wird jemals offenbart in einer Wirkung, die nicht in der Ursache liegt – nichts entwickelt sich als Folge, was nicht schon im Vorhergehenden enthalten ist. Überdies sagt uns die moderne Wissenschaft, dass es in Wirklichkeit so etwas wie Materie gar nicht gibt; was wir Materie nennen, ist lediglich unterbrochene Energie oder Kraft, d.h. Energie oder Kraft in einem niedrigen Schwingungsgrad. Wie es kürzlich ein Schriftsteller ausdrückte: »Die Materie hat sich in ein Mysterium aufgelöst.« Sogar die materielle Wissenschaft hat die Theorie von der Materie verlassen und beruht jetzt auf der Grundlage der Energie. Dann ist also das All bloße Energie oder Kraft? Nein, nicht Energie oder Kraft in dem Sinne, wie die Materialisten diese Bezeichnung gebrauchen, denn Energie oder Kraft sind blinde, mechanische Dinge ohne Leben und Geist. Leben oder Geist können sich niemals aus blinder Energie oder Kraft entwickeln aus dem soeben angeführten Grunde: »Nichts kann höher als seine eigene Quelle steigen.« Nichts entwickelt sich, was nicht schon enthalten ist, nichts zeigt eine Wirkung, die nicht bereits in der Ursache vorhanden ist. So kann also das All nicht bloße Energie oder Kraft sein, denn wenn es so wäre, dann würden solche Dinge

wie Leben und Geist nicht existieren. Aber wir wissen es besser, denn wir sind am Leben und benutzen unsern Geist gerade jetzt, um über die Frage nachzudenken, so wie diejenigen, die behaupten, dass Energie und Kraft alles wären.

Was gibt es denn Höheres als Materie oder Energie im Universum? Leben und Geist! Leben und Geist in ihren verschiedenen Graden von Entfaltung. Dann fragt Ihr: Wollt Ihr also damit sagen, dass das All Leben und Geist ist? Ja und nein ist unsere Antwort. Wenn Ihr Leben und Geist meint, so wie wir armen kleinen Sterblichen sie kennen, sagen wir Nein. Das ist das All nicht! Aber was für eine Art Leben und Geist meint Ihr?, so fragt Ihr wieder. Die Antwort ist: »Lebender schöpferischer Geist«, so weit über dem, was Sterbliche unter diesen Worten kennen, wie Leben und Geist höher sind als mechanische Kräfte oder Stoff – unendlicher, lebender, schöpferischer Geist verglichen mit endlichem Leben und Geist. Wir meinen das, was die erleuchteten Seelen meinen, wenn sie verehrungsvoll das Wort aussprechen: reiner Geist. Das All ist unendlicher, lebender Geist, die Erleuchteten nennen ihn: reiner Geist!

5 | Das geistige Universum

Das Universum ist geistig – gehalten im Geiste des Alls.
Kybalion

Das All ist reiner Geist! Aber was ist reiner Geist? Diese Frage kann nicht beantwortet werden, weil ihre Definition praktisch diejenige des Alls ist, welches weder erklärt noch bestimmt werden kann. Reiner Geist ist nur der Name, den die Menschen diesem höchsten Begriff von unendlichem, lebendem Geist gegeben haben. Er bedeutet »die wirkliche innere Essenz« – er bedeutet lebenden Geist, der Leben und Geist, wie wir sie kennen, so sehr überlegen ist, wie diese der menschlichen Energie und der Materie. Reiner Geist übersteigt unser Verständnis und wir benutzen diesen Ausdruck nur, damit wir an das All denken und davon sprechen können. Zum Zwecke des Denkens und Verstehens sind wir berechtigt, uns den reinen Geist als unendlichen lebenden Geist zu denken, indem wir zu gleicher Zeit zugeben, dass wir ihn nicht voll verstehen können. Wir müssen dies tun oder überhaupt aufhören, darüber nachzudenken.

Wir wollen jetzt fortfahren in der Betrachtung der Natur des Universums als Ganzen und in seinen Teilen. Was ist das Universum? Wir haben gesehen, dass es nichts außerhalb des Alls gibt. Dann ist das Universum das All? Nein, das kann nicht sein, denn das Universum scheint aus vielem zusammengesetzt zu sein und ist in dauernder Wandlung und andererseits erreicht es nicht die Vorstellungen, die wir über das All annehmen müssen, wie wir in unserer letzten Lektion feststellten. Wenn nun aber das Universum nicht das All ist, so ist es nichts – das ist die unvermeidliche Schluss-

folgerung des Verstandes beim oberflächlichen Nachdenken. Das befriedigt uns aber nicht, denn wir empfinden ja die Existenz des Universums. Wenn also das Universum nicht das All ist, aber doch vorhanden ist, was kann es sein? Wir wollen diese Frage prüfen.

Wenn das Universum überhaupt besteht oder zu bestehen scheint, dann muss es auf irgendeine Weise aus dem All hervorgehen. Es muss eine Schöpfung des Alls sein. Aber da niemals etwas aus nichts geboren werden kann, woraus könnte das All es geschaffen haben? Viele Philosophen haben diese Frage beantwortet, indem sie sagten, dass das All das Universum aus sich selbst erschaffen hat, d. h. aus dem Sein und Wesen des Alls. Aber das ist nicht möglich, denn vom All kann nichts abgezogen noch abgeteilt werden, wie wir gesehen haben, und wiederum, wenn es so wäre, würde sich jedes Teilchen des Universums bewusst sein, dass es das All ist – das All kann niemals sein Wissen über sich selbst verlieren noch tatsächlich ein Atom oder blinde Kraft werden oder ein niedriges Lebewesen. In der Tat haben einige Menschen, die feststellten, dass das All wirklich alles sei und dass auch sie wirklich existierten, sich zu der Folgerung aufgeschwungen, dass sie und das All identisch seien, und sie haben die Luft erfüllt mit ihren Rufen »Ich bin Gott« zum Vergnügen der Menge und zur Sorge der Weisen. Der Anspruch eines kleinsten Körperchens, Mensch zu sein, wäre im Vergleich damit bescheiden zu nennen.

Aber was ist nun wirklich das Universum, wenn es nicht das All ist, noch vom All durch Teilung seiner selbst geschaffen wurde? Was kann es sonst sein und wovon sonst kann es geschaffen sein? Das ist die große Frage. Wir wollen sie sorgfältig prüfen. Wir werden finden, dass uns das Prinzip der Entsprechung hier zu Hilfe kommt (siehe erste Lektion). Der alte hermetische Grundsatz »Wie oben, so unten« soll hier in unsern Dienst gestellt werden. Wir wollen versuchen wenigstens einen Schimmer der Tätigkeit auf höherer

Ebene zu bekommen, indem wir sie auf der unsrigen untersuchen. Das Prinzip der Entsprechung muss sich hier wie bei anderen Problemen anwenden lassen.

Wir wollen sehen! Wie erschafft der Mensch auf seiner eigenen Daseinsebene? Nun, erstens: Er kann erschaffen, indem er etwas aus irgendeinem außerhalb liegenden Material herstellt, aber das ist nicht möglich, denn es gibt keine Gegenstände außerhalb des Alls, womit er es erschaffen könnte. Nun denn, zweitens: Der Mensch erzeugt oder wiedererzeugt seine Art durch den Prozess der Begattung, welche eine Selbstvervielfältigung durch Übertragung eines Teils seiner Substanz an seine Nachkommenschaft ist. Aber auch das ist nicht möglich, weil das All einen Teil von sich selbst weder übertragen noch abziehen kann, noch kann es sich wiedererzeugen oder vervielfältigen; im ersten Falle würde es eine Hinwegnahme, im zweiten eine Vervielfältigung oder Hinzufügung für das All bedeuten, beides völlig absurde Gedanken. Gibt es denn keine dritte Art, wie der Mensch schöpferisch tätig sein kann? Ja, es gibt eine – er erschafft geistig! Und indem er dies tut, verwendet er kein außerhalb liegendes Material, noch vervielfältigt er sich selbst und doch durchdringt sein Geist die geistige Schöpfung.

Indem wir dem Prinzip der Entsprechung folgen, sind wir berechtigt anzunehmen, dass das All das Universum geistig erschafft, in einer Art, die dem Prozess gleicht, wie der Mensch »geistige Bilder« erschafft. Und hier stimmen die Aussagen der Vernunft genau mit denen der Erleuchteten überein, wie sie sich in ihren Lehren und Schriften zeigen. So sind die Lehren der Weisen. So war die Lehre des Hermes. Das All kann in keiner anderen Weise als geistig erschaffen, ohne von irgendeinem Material Gebrauch zu machen (und es gibt auch keines, was es gebrauchen könnte) oder sich wieder zu erzeugen (was ebenso unmöglich ist). Man kann dieser Folgerung der Vernunft nicht entschlüpfen, die, wie wir sehen, mit

den höchsten Lehren der Erleuchteten übereinstimmt. Genau wie Du, Schüler, ein Universum in Deiner eigenen Geistigkeit erschaffen kannst, so erschafft das All Universen in seiner eigenen Geistigkeit. Aber Dein Universum ist eine Schöpfung eines endlichen Geistes, wohingegen das des Alls die eines unendlichen Geistes ist. Die beiden sind ähnlich in der Art, aber unendlich verschieden dem Grade nach. Wir werden genau den Prozess der Schöpfung und Offenbarung prüfen, wenn wir weitergehen. Aber auf dieser Stufe angelangt müsst Ihr den Gedanken in Eurem Geiste für immer festhalten: Das Universum und alles, was es enthält, ist eine geistige Schöpfung des Alls. Sehr wahr, in der Tat, alles ist Geist!

> *Das All erschafft in seinem unendlichen Geist zahllose Universen, die Äonen lang bestehen, und doch ist für das All die Erschaffung, Entwicklung, der Niedergang und Tod von Millionen von Universen wie das Blinzeln eines Auges.*

> *Der unendliche schöpferische Geist des Alls ist der Schoß von Universen.*

Das Prinzip des Geschlechts (siehe die erste Lektion und die noch folgenden) offenbart sich auf allen Ebenen des Lebens körperlich, geistig und rein geistig. Aber, wie wir schon sagten, Geschlecht bedeutet nicht Geschlechtlichkeit – Geschlechtlichkeit ist nur eine materielle Offenbarung des Geschlechts. »Geschlecht« heißt »Beziehung zu Zeugung und Erschaffung.« Wo auch immer etwas erzeugt oder erschaffen wurde, gleich auf welcher Ebene, muss sich das Geschlechtsprinzip offenbaren. Und das trifft sogar bei der Erschaffung von Universen zu.

Nun folgert aber nicht gleich daraus, dass wir die Existenz eines männlichen und weiblichen Gottes oder Schöpfers lehren. Diese

Idee ist lediglich eine Verzerrung der alten Lehren über diesen Gegenstand. Die wahre Lehre sagt, dass das All an sich jenseits des Geschlechts ist, wie es jenseits jedes anderen Gesetzes ist, einschließlich derer von Zeit und Raum. Es ist das Gesetz, von dem alle Gesetze ausgehen, aber es ist ihnen nicht unterworfen. Aber wenn das All sich nur auf der Ebene von Zeugung und Erschaffung offenbart, dann handelt es nach Gesetz und Grundsatz, denn es bewegt sich auf einer niedrigeren Daseinsebene. Infolgedessen offenbart sich natürlich das Geschlechtsprinzip in seiner männlichen und weiblichen Form auf der geistigen Ebene.

Diese Idee mag einigen von Euch befremdlich erscheinen, wenn Ihr sie zum ersten Mal hört, aber Ihr alle habt sie in Euren alltäglichen Begriffen ohne Widerstand tatsächlich angenommen. Ihr sprecht von der Vaterschaft Gottes, von der Mutterschaft der Natur, von Gott, dem göttlichen Vater, von der umfassenden Mutter Natur – und habt so instinktiv das Geschlechtsprinzip im Universum anerkannt. Ist es nicht so?

Aber die hermetische Lehre enthält keine wirkliche Zweiheit. Das All ist Eins. Die beiden Aspekte sind lediglich Offenbarungen des Alls. Die Lehre besagt, dass das männliche Prinzip, in dem sich das All offenbart, in gewisser Weise abseits steht von der tatsächlichen geistigen Schöpfung des Universums. Es überträgt seinen Willen auf das weibliche Prinzip (das man Natur nennen kann), worauf letzteres das tatsächliche Werk der Entwicklung des Universums beginnt, von einfachen Zentren der Aktivität hinauf zum Menschen und immer höher hinauf – alles gemäß wohlgegründeter und fest durchgeführter Gesetze der Natur. Wenn Ihr die alten Gedankenbilder vorzieht, mögt Ihr beim männlichen Prinzip an »Gott« denken, den Vater, und beim weiblichen an die »Natur« als die allumfassende Mutter, aus deren Schoß alle Dinge geboren sind. Das ist mehr als ein poetisches Wortbild, es ist eine Idee von

dem tatsächlichen Prozess der Schöpfung des Universums. Aber erinnert Euch immer, dass das All nur Eins ist und dass in seinem unendlichen schöpferischen Geist das Universum erzeugt, geschaffen wurde und besteht.

Es kann Euch vielleicht helfen, die richtige Vorstellung zu bekommen, wenn Ihr das Gesetz der Entsprechung auf Euch selbst und Euren eigenen Geist anwendet. Ihr wisst, dass in gewissem Sinne der Teil von Euch, den Ihr »Ich« nennt, beiseitesteht und die Erschaffung geistiger Bilder in Eurem Geist beobachtet. Der Teil Eures Geistes, in welchem die geistige Schöpfung vor sich geht, mag »Mich« genannt werden zur Unterscheidung von dem »Ich«, das beiseitesteht und beobachtet und die Gedanken, Ideen und Sinnbilder des »Mich« prüft. »Wie oben, so unten«, erinnere Dich, und die Erscheinungen auf einer Ebene können verwandt werden, um die Rätsel höherer und niedrigerer Ebenen zu lösen.

Ist es ein Wunder, dass Du, das Kind, jene instinktive Verehrung für das All empfindest, ein Gefühl, das wir Religion nennen – jene Achtung für den Vater-Geist? Ist es ein Wunder, dass Dich, wenn Du die Werke und Wunder der Natur betrachtest, ein starkes Gefühl überkommt, das seine Wurzeln tief unten in Deinem innersten Sein hat? Es ist der Mutter-Geist, an den Du Dich fest anpresst wie der Säugling an die Mutterbrust.

Macht nicht den Fehler anzunehmen, dass diese kleine Welt, die Ihr um Euch herum seht – die Erde, welche nur ein Stäubchen im Universum ist –, das Universum selbst sei. Es gibt Millionen und Abermillionen solcher Welten, die größer sind. Und es bestehen Millionen und Abermillionen solcher Universen innerhalb des unendlichen Geistes des Alls. Und selbst in unserem kleinen Sonnensystem gibt es Regionen und Lebensgebiete, die höher sind als die unsrigen, und Geschöpfe, im Vergleich zu denen wir erdgebundenen Sterblichen wie schleimige Lebensformen auf dem

Meeresgrund sind, wenn man sie mit den Menschen vergleicht. Es gibt Wesen mit Kräften und Eigenschaften, die höher sind als die, welche der Mensch in seinen kühnsten Träumen den Göttern zugeschrieben hat. Und doch waren diese Geschöpfe einmal so wie Ihr und noch niedriger. Und Ihr werdet einmal so wie sie sein und noch höher, denn das ist die Bestimmung des Menschen, wie uns die Erleuchteten berichten.

Auch der Tod ist nicht wirklich, nicht einmal im übertragenen Sinne – er ist nur die Geburt zu einem neuen Leben – und Ihr werdet weiter und immer weiter fortschreiten in immer höhere Ebenen des Lebens in Äonen über Äonen der Zeit. Das Universum ist Eure Heimat und Ihr werdet seine fernsten Winkel erforschen vor dem Ende der Zeiten. Ihr wohnt in dem unendlichen Geiste des Alls und Eure Möglichkeiten und Gelegenheiten sind unendlich in Zeit und Raum. Und am Ende des großen Zyklus von Äonen, wenn das All all seine Schöpfungen in sich zurückziehen wird, werdet Ihr glücklich dahingehen, denn dann werdet Ihr die ganze Wahrheit des »Eins-Seins« mit dem All erkennen können. So lautet der Bericht der Erleuchteten, derer, die weit vorgeschritten sind auf dem Pfad.

Inzwischen bleibt ruhig und heiter, Ihr seid sicher im Schutze der unendlichen Kraft des Vater-Mutter-Geistes.

Im Vater-Mutter-Geist sind sterbliche Kinder zu Hause.
Kein Einziger ist vater- oder mutterlos im Universum.

6| Das göttliche Paradoxon

Der Halbweise, der die verhältnismäßige Unwirklichkeit des Universums erkennt, glaubt seine Gesetze missachten zu können – das sind eitle und eingebildete Narren, sie werden gegen die Felsen geschleudert und entzweigerissen durch die Elemente aufgrund ihrer Narrheit. Die echten Weisen, die die Natur des Universums kennen, verwenden Gesetz gegen Gesetz, das Höhere gegen das Niedrigere, und durch die Kunst der Alchemie verwandeln sie das, was unerwünscht ist, in das Wertvolle und gewinnen so die Herrschaft. Meisterschaft besteht nicht in anomalen Träumen, Visionen, fantastischen Einbildungen und fantastischem Leben, sondern in der Verwendung höherer Kräfte gegen die niedrigeren und darin, dass man den Qualen niedrigerer Ebenen durch Schwingung auf der höheren entgeht. Umwandlung, nicht anmaßende Verneinung, ist die Waffe des Meisters.

Kybalion

Das Paradox des Universums entsteht aus dem Prinzip der Polarität, das sich offenbart, wenn das All zu erschaffen beginnt – höre darauf, denn es zeigt den Unterschied zwischen Halbwissen und Weisheit. Während für das unendliche All das Universum und seine Gesetze, seine Kräfte, sein Leben und seine Äußerungen wie Dinge erscheinen, die im Zustande der Meditation oder des Traumes wahrgenommen werden, muss doch für alles, was endlich ist, das Universum als Wirklichkeit behandelt werden; und Leben, Tätigkeit und Gedanken müssen entsprechend darauf eingestellt werden, wenn auch mit einem steten Verständnis der höheren

Wahrheit. Jedes gemäß seiner eigenen Ebene und ihren Gesetzen! Sollte sich das All vorstellen, dass das Universum tatsächlich Wirklichkeit wäre, dann wehe dem Universum, denn dann gäbe es kein Entschlüpfen empor vom Niedrigeren zum Höheren, dann würde das Universum etwas Stetiges werden und aller Fortschritt würde unmöglich. Und wenn ein Mensch infolge seines unvollkommenen Wissens so handelt und lebt und denkt, als ob das Universum nur ein Traum wäre (so wie seine eigenen endlichen Träume), dann wird es das tatsächlich für ihn; und wie ein Schlafwandler stolpert er immer rundherum im Kreise, ohne vorwärtszukommen, schließlich fällt er über die Gesetze der Natur und erwacht zerquetscht und blutend. Richtet Eure Gedanken immer nach oben, aber lasst Eure Augen über Eure Schritte wachen, damit Ihr nicht in den Sumpf geratet wegen Eures Schauens nach oben. Denkt immer an das göttliche Paradox, das »ist«, auch wenn das Universum nicht ist. Denkt immer an die zwei Pole der Wahrheit, den absoluten und den relativen. Hütet Euch vor halben Wahrheiten!

Was die Hermetiker als das Gesetz des Paradoxon kennen, ist eine Erscheinung des Prinzips der Polarität. Die hermetischen Schriften sind gefüllt mit Bezugnahmen auf das Erscheinen des Paradoxen bei Betrachtung der Probleme des Lebens und Seins. Die Lehrer warnen stets ihre Schüler vor dem Irrtum, die andere Seite jeder Frage zu vergessen. Und ihre Warnungen sind besonders auf die Probleme des Absoluten und Relativen gerichtet, die alle Schüler der Philosophie überraschen und die so viele veranlassen, gegen das im Handeln und Denken zu verstoßen, was man allgemein den gesunden Menschenverstand nennt. Wir ermahnen alle Schüler, auf jeden Fall das göttliche Paradox vom Absoluten und Relativen zu erfassen, damit sie nicht im Sumpfe der halben Wahrheiten versinken. In diesem Sinne ist diese besondere Lektion geschrieben worden. Lest sie sorgfältig.

Der erste Gedanke, der dem denkenden Menschen kommt, wenn er die Wahrheit erkennt, dass das Universum eine geistige Schöpfung des Alls ist, ist der, dass das Universum und alles, was es enthält, eine reine Illusion ist, eine Unwirklichkeit, eine Idee, gegen die sich seine Instinkte auflehnen. Aber man muss diese wie alle anderen großen Wahrheiten von beiden Standpunkten, dem absoluten und dem relativen, aus betrachten. Vom absoluten Standpunkt aus ist das Universum seiner Natur nach natürlich eine Illusion, ein Traum, ein Trugbild im Vergleich zum All an sich. Wir erkennen das sogar in unserer gewöhnlichen Vorstellung, denn wir sprechen von der Welt als einer vergänglichen Sache, die kommt und geht, geboren wird und stirbt, denn das Element der Vergänglichkeit und des Wechsels, der Endlichkeit und Wesenlosigkeit muss stets mit der Idee des Universums verbunden sein, wenn man es mit der Idee des Alls in Gegensatz bringt, ganz gleich, wie unsere Auffassung über die Natur beider ist. Philosophen, Metaphysiker, Wissenschaftler und Theologen, alle stimmen in dieser Idee überein, und dieser Gedanke findet sich sowohl in allen Formen philosophischer und religiöser Vorstellungen wie in den Theorien der entsprechenden Schulen der Metaphysik und Theologie.

So predigen die hermetischen Lehren die Substanzlosigkeit des Universums in Ausdrücken, wie sie Euch schon vertraut sind, wenn Euch auch die Darstellung des Gegenstandes aufsehenerregend scheinen mag. Alles, was einen Anfang und ein Ende hat, muss irgendwie unwirklich und unwahr sein, und bei allen Schulen des Denkens trifft das auf das Universum zu. Vom absoluten Standpunkt aus ist nichts wirklicher als das All, ganz gleich welchen Ausdruck wir dafür benutzen, wenn wir über das Thema nachdenken oder uns darüber austauschen. Sei das Universum aus Materie geschaffen oder sei es eine geistige Schöpfung aus dem Geiste des Alls, es ist substanzlos, vergänglich, eine Sache von Zeit, Raum und

Wechsel. Bitte vergegenwärtigt Euch diese Tatsache genau, bevor Ihr ein Urteil über die hermetische Vorstellung der geistigen Natur des Universums abgebt. Denkt über jedes der anderen Konzepte nach und seht, ob dies nicht auch auf sie zutrifft.

Aber der absolute Gesichtspunkt zeigt nur eine Seite des Bildes – die andere Seite ist die relative. Absolute Wahrheit wurde definiert als »Dinge, wie Gottes Geist sie kennt«, relative Wahrheit als »Dinge, wie die höchste Vernunft der Menschen sie versteht«. Und während so für das All das Universum unwirklich, illusionär sein muss, ein bloßer Traum oder das Ergebnis von Meditation, ist nichtsdestoweniger für den irdischen Geist, der einen Teil des Universums bildet und es vom sterblichen Gesichtspunkt aus sieht, dieses Universum sogar sehr real und muss so betrachtet werden. Trotz der Erkenntnis des absoluten Standpunktes dürfen wir nicht den Fehler machen, die Tatsachen und Erscheinungen des Universums, wie sie sich unseren sterblichen Sinnen darstellen, zu ignorieren oder zu verneinen – bedenkt: Wir sind nicht das All!

Um einfache Beispiele zu nehmen: Wir alle nehmen die Tatsache, dass Materie existiert, durch unsere Sinne wahr – es würde uns schlecht ergehen, wenn wir das nicht täten. Und doch, selbst unser endlicher Geist versteht die wissenschaftliche Feststellung, dass es vom wissenschaftlichen Standpunkt aus so etwas wie Materie nicht gibt – was wir Materie nennen, wird lediglich als eine Ansammlung von Atomen betrachtet und die Atome selbst sind nichts anderes als eine Gruppierung von Krafteinheiten, die man Elektronen oder Ionen nennt und die sich in dauernder Schwingung und kreisender Bewegung befinden. Wir stoßen an einen Stein und fühlen den Stoß – er scheint wirklich zu sein, obwohl er nur das ist, was wir im Vorhergehenden festgestellt haben. Aber denkt daran, dass unser Fuß, der den Stoß vermittels unseres Gehirns fühlt, auch Materie ist, zusammengesetzt aus Elektronen, und ebenso unser Gehirn.

Und wenn unser Geist nicht wäre, würden wir von Fuß oder Stein überhaupt nichts wahrnehmen.

Ferner erscheint dem Künstler das Ideal, das er in Stein oder auf der Leinwand darzustellen versucht, durchaus wirklich. Das ist auch beim Autor oder Dramatiker der Fall hinsichtlich der Charaktere, die er so darzustellen versucht, dass andere sie erkennen können. Und wenn das für unseren endlichen Geist zutrifft, welchen Grad der Wirklichkeit müssen dann die geistigen Bilder haben, die vom Geist des Unendlichen geschaffen wurden? Oh Freunde, für Sterbliche ist dieses geistige Universum in der Tat außerordentlich real – es ist ja das Einzige, das wir erkennen können, obgleich wir in ihm von Ebene zu Ebene höher steigen. Um es anders zu erkennen, durch tatsächliche Erfahrung, müssten wir das All selbst sein. Allerdings, je höher wir in der Skala steigen, je näher wir »dem Geiste des Vaters« kommen, desto augenscheinlicher wird die eingebildete Natur der endlichen Dinge, aber erst wenn uns das All schließlich in sich zurückzieht, dann erst verschwindet das Traumbild wirklich.

So brauchen wir bei den äußerlichen Zügen der Illusion nicht zu verweilen. Lieber wollen wir, nachdem wir die wahre Natur des Universums erkannt haben, versuchen seine geistigen Gesetze zu verstehen und sie so nutzbringend wie nur möglich für unsere Aufwärtsentwicklung im Leben zu verwenden, denn wir wandern von einer Daseinsebene zur andern. Auch die Gesetze des Universums sind wegen seiner geistigen Natur durchaus »eiserne Gesetze«, alles außer dem All ist an sie gebunden. Was im unendlichen Geist des Alls besteht, ist wirklich nur einen Grad geringer als die Wirklichkeit, die der Natur des Alls selbst verliehen ist. Darum seid nicht unsicher oder in Sorge – wir alle werden sicher gehalten im unendlichen Geiste des Alls und es gibt nichts, was uns wehtun könnte oder wovor wir uns fürchten müssten. Es gibt keine Kraft außerhalb des Alls, die auf uns wirken könnte, darum können wir ruhig und

sicher sein. In dieser Erkenntnis, hat man sie erst einmal gewonnen, liegt eine Welt von Trost und Sicherheit. Dann schlafen wir wirklich ruhig und friedlich wie gewiegt von des Meeres Wogen, ruhen sicher im unendlichen Geiste des Alls. So ist es wirklich: Wir leben, bewegen uns und haben unser Dasein im All.

Materie ist nichtsdestoweniger Materie für uns, während wir auf der stofflichen Ebene leben, wenn wir auch wissen, dass sie nur eine Ansammlung von Elektronen oder Teilchen von Kraft mit sehr hoher Schwingungszahl ist, die Atome bilden und umeinander kreisen – die Atome ihrerseits, ebenfalls im schnellsten Schwingen und Kreisen, bilden Moleküle, die als solche den größeren Teil der Materie formen. Materie wird auch deshalb nicht weniger Materie, wenn wir die Untersuchung noch weiterführen und von den hermetischen Lehren erfahren, dass »Kraft«, von der die Elektronen nur Einheiten sind, lediglich eine Offenbarung des Geistes des Alls ist und wie alles andere im Universum rein geistig in ihrer Natur ist. Solange wir uns auf der stofflichen Ebene bewegen, müssen wir ihre Erscheinungen zur Kenntnis nehmen – wir können die Materie beherrschen (wie das alle Meister höherer oder niedrigerer Grade tun), aber wir können das nur, indem wir die höheren Kräfte anwenden. Wir begehen einen Fehler, wenn wir versuchen, die Existenz der Materie in relativer Beziehung zu leugnen. Wir können ihre Herrschaft über uns leugnen – und mit Recht – aber wir sollten nicht versuchen, sie in ihrem relativen Aspekt zu ignorieren, wenigstens solange wir uns auf dieser Ebene befinden.

Auch werden die Naturgesetze nicht weniger konstant oder wirksam, wenn wir wissen, dass sie gleichfalls ausschließlich geistigen Ursprungs sind. Sie sind auf den verschiedenen Ebenen in voller Wirkung. Wir überwinden die niedrigeren Gesetze durch Anwendung höherer – und nur in dieser Weise. Aber wir können dem Gesetz nicht entgehen oder uns gänzlich darüber erheben. Nur

das All kann dem Gesetz entgehen – weil das All selbst das Gesetz ist, aus dem alle anderen Gesetze entspringen. Die am höchsten gestiegenen Meister können Kräfte anwenden, die von den Menschen im Allgemeinen den Göttern zugeschrieben werden, und es gibt zahllose Stufen des Seins in der großen Hierarchie des Lebens, deren Kraft und Dasein sogar in einer für Sterbliche undenkbaren Weise diejenige der höchsten menschlichen Meister übersteigt. Aber selbst der höchste Meister und das höchste Lebewesen müssen sich dem Gesetz beugen und sind wie Nichts in den Augen des Alls. Wenn also selbst diese höchsten Geschöpfe, deren Kräfte diejenigen übersteigen, die die Menschen ihren Göttern zuschreiben, wenn sogar diese durch das Gesetz gebunden und ihm unterworfen sind, dann stelle man sich die Anmaßung eines Sterblichen vor, vom Grade unseres Menschengeschlechts, wenn er wagt, die Naturgesetze als »unwirklich«, visionär und illusorisch zu betrachten, weil er zufällig die Wahrheit begreifen konnte, dass die Gesetze ihrer Natur nach geistig sind und eine bloße geistige Schöpfung des Alls. Die Gesetze, die das All zu herrschenden Gesetzen macht, darf man nicht missachten oder hinwegdeuteln. Solange das Universum besteht, solange werden auch sie bestehen – denn das Universum besteht durch diese Gesetze, die seinen Rahmen bilden und es zusammenhalten. Das hermetische Prinzip der Geistigkeit, das die wahre Natur des Universums durch das Prinzip »Alles ist geistig« ausdrückt, ändert nichts an den wissenschaftlichen Vorstellungen vom Universum, vom Leben oder von der Entwicklung. In der Tat, die Wissenschaft bestätigt nur die hermetische Lehre. Letztere lehrt nur, dass die Natur des Universums geistig ist, während die moderne Wissenschaft gelehrt hat, dass es »Materie« oder nach den neuesten Untersuchungen »Energie« ist. Die hermetische Lehre findet keinen Fehler in Herbert Spencers Grundprinzip, das die Existenz einer »unendlichen und ewigen Energie« fordert, »aus

der alle Dinge hervorgehen«. Tatsächlich erkennen die Hermetiker in Spencers Philosophie die höchste von außen kommende Feststellung von der Arbeit der Naturgesetze, die jemals verkündet wurde, und sie halten Spencer für eine Reinkarnation eines Philosophen des Altertums, der im alten Ägypten vor Tausenden von Jahren wohnte und der später als der griechische Philosoph Heraklit reinkarnierte, der 500 v. Chr. lebte. Sie betrachten seine Feststellung von der »unendlichen und ewigen Energie« als in gleicher Linie liegend mit der hermetischen Lehre, allerdings immer mit dem Hinzufügen ihres eigenen Grundsatzes, dass seine »Energie« die Energie des Geistes des Alls ist. Mit dem Hauptschlüssel der hermetischen Philosophie wird der Schüler Spencers die vielen Tore der inneren philosophischen Vorstellungen des großen englischen Philosophen öffnen können, dessen Werk die Erfolge der Vorbereitungen seiner früheren Inkarnationen zeigt. Seine Lehren betreffend Entwicklung und Rhythmus befinden sich in fast völliger Übereinstimmung mit der hermetischen Lehre über das Prinzip des Rhythmus. Darum braucht der hermetische Schüler keine lieb gewonnene wissenschaftliche Ansicht über das Universum beiseitelegen. Alles, was man von ihm verlangt, ist das grundlegende Prinzip zu begreifen: »Das All ist Geist, das Universum ist geistig, gehalten im Geiste des Alls.« Er wird finden, dass die anderen sechs der sieben Prinzipien in seine wissenschaftlichen Erfahrungen hineinpassen und dazu dienen werden, dunkle Punkte auszumerzen und Licht in dunkle Winkel zu werfen. Das ist nicht verwunderlich, wenn wir den Einfluss der hermetischen Gedanken auf die früheren Philosophen der Griechen bedenken, auf deren grundsätzlichen Gedanken die Theorien der modernen Wissenschaft zum großen Teil beruhen. Die Annahme des ersten hermetischen Prinzips der Geistigkeit ist der einzige wichtige unterschiedliche Punkt zwischen der modernen Wissenschaft und den hermetischen Schülern, aber die

Wissenschaft bewegt sich allmählich auf die hermetische Stellung zu und ist bemüht, einen Weg aus dem Labyrinth zu finden, in das sie auf ihrer Suche nach Wahrheit geraten war.

Es ist die Absicht dieser Lektion, unseren Schülern die Tatsache eindringlich zu machen, dass nach unserer Auffassung das Universum und seine Gesetze und Erscheinungen genau so wirklich sind, wie sie es unter der Hypothese des Materialismus oder Energismus (vgl. Josef Schlesinger, Anm. des Hrsg.) wären. In seinem äußeren Erscheinungsbild dagegen ist das Universum unter jeder Hypothese wechselnd immer im Fluss und vergänglich und darum ohne Wesenheit und Wirklichkeit. Aber (achte auf den anderen Pol der Wahrheit!) unter jeder dieser Hypothesen müssen wir handeln und leben, als ob die wechselnden Dinge wahr und wesenhaft wären; nur mit dem Unterschied zwischen diesen verschiedenen Hypothesen, dass unter dem alten Standpunkt die geistige Kraft als eine Naturkraft nicht beachtet wurde, während sie unter dem Gesichtspunkt des Mentalismus die größte Naturkraft überhaupt wird. Und dieser eine Unterschied revolutioniert das Leben für diejenigen, die das Prinzip und die sich aus ihm ergebenden Gesetze und ihre Anwendung verstehen.

Darum, Ihr Schüler, ergreift den Vorteil des Mentalismus und lernt die Gesetze, die auf ihm beruhen, damit Ihr sie anwenden und nutzen könnt. Aber gebt der Versuchung nicht nach, die, wie das *Kybalion* feststellt, die Halbweisen überkommt, die wie hypnotisiert sind von der augenscheinlichen Unwirklichkeit der Dinge. Die Folge davon ist, dass sie wie Träumer herumgehen, in einer Traumwelt leben, praktische Arbeit und Leben missachten und schließlich »von den Elementen gegen die Felsen geworfen und zerrissen werden aufgrund ihrer Narrheit«. Folget lieber dem Beispiel der Weisen, die, wie die gleiche Quelle besagt, »Gesetz gegen Gesetz« gebrauchen, »das Höhere gegen das Niedrigere und durch die Kunst der Alche-

mie das, was unerwünscht ist, in das, was wertvoll ist, verwandeln und so den Sieg davontragen«. Wir wollen dem *Kybalion* folgen und alles halbe Wissen meiden, das die Wahrheit nicht achtet: »Meisterschaft besteht nicht in anomalen Träumereien, Visionen, fantastischer Einbildung oder Lebensführung, sondern in der Anwendung der höheren Kraft gegen die niedrigere, um so den Qualen der niedrigeren Ebenen zu entgehen durch Schwingung auf den höheren.« Der Schüler möge sich immer daran erinnern: »Verwandlung, nicht anmaßende Verneinung, ist die Waffe des Meisters.« Die oben zitierten Aussprüche sind aus dem *Kybalion*, sie sind es wert, dem Gedächtnis des Schülers einverleibt zu werden.

Wir leben nicht in einer Traumwelt, sondern in einem Universum, das, wenn auch relativ, so doch wirklich ist, soweit es unser Leben und unsere Handlungen betrifft. Unsere Aufgabe im Universum ist es nicht, seine Existenz zu verneinen, sondern zu leben, indem wir die Gesetze benutzen, um vom Niederen zum Höheren zu steigen, unter den Umständen, die jeden Tag neu erscheinen, das Beste zu tun und unseren höchsten Ideen und Idealen nachzuleben. Der wahre Sinn des Lebens ist den Menschen zumindest auf dieser Ebene nicht bekannt – aber die höchsten Meister und unser eigenes Gefühl lehren uns, dass wir recht tun, wenn wir so weit wie möglich versuchen, unser Leben zu dem Besten, was in uns ist, zu erhöhen und so die Tendenz des Universums in gleicher Richtung zu verwirklichen, trotz anscheinend gegensätzlicher Tatsachen. Wir sind alle auf dem »Pfad«, der immer aufwärts führt mit häufigen Ruhepunkten.

Lest die Botschaft des *Kybalion* und folgt dem Beispiel der »Weisen«, indem Ihr die Fehler der »Halbweisen« vermeidet, die durch ihre Torheit verderben.

7 | Das All in Allem

Wenn Alles im All ist, so ist es in gleicher Weise wahr, dass das All in Allem ist. Derjenige, der diese Wahrheit richtig versteht, hat ein großes Wissen erlangt.

Kybalion

Wie oft hat die Mehrzahl der Menschen die Feststellung wiederholen gehört, ihre »Gottheit« (genannt mit vielen Namen) wäre »Alles in Allem«, und wie wenig hat man vermutet, dass hinter diesen gedankenlos ausgesprochenen Worten die innere geheime Wahrheit verborgen ist. Diese gewöhnlich gebrauchte Redewendung ist ein Überrest des oben zitierten hermetischen Grundsatzes. Wie das *Kybalion* sagt: »Derjenige, der diese Wahrheit richtig versteht, hat ein großes Wissen erlangt.« Und da dies so richtig ist, wollen wir diese Wahrheit suchen, deren Verständnis so viel bedeutet. In dieser Feststellung, in diesem hermetischen Grundsatz, ist eine der größten philosophischen, wissenschaftlichen und religiösen Wahrheiten verborgen.

Wir haben Euch die hermetische Lehre die geistige Natur des Universums betreffend gegeben, die Wahrheit: »Das Universum ist geistig – gehalten im Geiste des Alls.« Darum sagt das *Kybalion* in dem oben erwähnten Satz: »Im All ist Alles.« Aber merkt Euch die damit verbundene Feststellung: Es ist ebenso wahr, dass das All in Allem ist. Die anscheinend gegensätzlichen Feststellungen sind vereinbar unter dem Gesichtspunkt des Paradoxon. Es ist überdies eine genaue hermetische Angabe der Beziehungen, die zwischen dem All und seinem geistigen Universum bestehen. Wir

haben gesehen: Alles ist im All. Lasst uns nunmehr die andere Seite der Frage prüfen.

Die hermetischen Lehren besagen, dass das All dauerhaft in seinem Universum enthalten ist und zwar in jedem Teil oder Teilchen, in jeder Einheit oder zusammengesetzten Form innerhalb des Universums. Diese Feststellung wird von den Lehrern gewöhnlich durch die Bezugnahme auf das Prinzip der Entsprechung erläutert. Der Lehrer lehrt den Schüler, ein geistiges Bild von irgendeiner Sache, Person, Idee oder von etwas zu bilden, das eine geistige Form hat, wobei das bewusste Beispiel dasjenige eines Autors oder Dramatikers ist, der eine Idee seiner Charaktere formt, oder eines Malers oder Bildhauers, der das Bild des Ideals formt, das er durch seine Kunst auszudrücken wünscht. In jedem Falle wird der Schüler erkennen, dass, während das Bild lediglich in seinem eigenen Geist existiert, er, der Schüler, Autor, Dramatiker, Maler oder Bildhauer auch in gewissem Sinne immanent darinnen ist, darin bleibt, ihm verhaftet ist. Mit anderen Worten, dass die gesamte Realität der Wirksamkeit, des Lebens und des Geistes als geistiges Bild aus dem immanenten Geist des Denkenden herstammt. Überlegt dies einen Augenblick, bis Ihr den Gedanken begriffen habt.

Um ein modernes Beispiel zu nehmen, wollen wir sagen, dass Othello, Jago, Hamlet, Lear, Richard III. zur Zeit ihres Erdachtwerdens oder ihrer Erschaffung lediglich im Geiste Shakespeares existierten. Und doch existierte auch Shakespeare in jedem dieser Charaktere und gab ihnen ihre Lebenskraft, ihren Geist und ihre Handlungen. Wessen »Geist« haben die Charaktere, die wir als Micawber, Oliver Twist, Uriah Heep kennen – ist es Dickens' Geist oder hat jeder dieser Charaktere einen persönlichen Geist, unabhängig von ihrem Schöpfer? Haben die Venus von Medici, die Sixtinische Madonna, der Apoll von Belvedere eigenen Geist oder eigene Wirklichkeit oder repräsentieren sie die geistige und gedank-

liche Kraft ihres Schöpfers? Das Gesetz des Paradoxon erklärt, dass beide Annahmen wahr sind, vom richtigen Standpunkt aus betrachtet. Micawber ist sowohl Micawber als auch Dickens. Aber während von Micawber gesagt werden kann, er sei Dickens, ist Dickens doch nicht identisch mit Micawber. Menschen wie Micawber können ausrufen: »Der Geist meines Schöpfers wohnt in mir und doch bin ich nicht er.« Wie verschieden ist dies von der anstößigen Halbwahrheit, die so laut von gewissen Halbweisen verkündet wird, die die Luft mit ihrem heiseren Geschrei erfüllen: »Ich bin Gott!« Denkt Euch den armen Micawber oder den Schleicher Uriah Heep ausrufen: »Ich bin Dickens!«, oder irgendeinen erbärmlichen Tölpel in einem shakespearischen Stück großsprecherisch verkünden: »Ich bin Shakespeare!« Das All ist im Regenwurm, aber der Regenwurm ist weit davon entfernt, das All zu sein. Und doch bleibt das Wunder, wenn auch der Regenwurm ein ganz geringes Geschöpf ist, das nur im Geiste des Alls geschaffen wurde und sein Dasein hat, dass doch das All immerhin in dem Regenwurm und den Teilchen ist, die ihn bilden. Kann es überhaupt ein größeres Mysterium geben als dies: Alles im All und das All in Allem?

Der Schüler muss sich natürlich darüber im Klaren sein, dass die obigen Beispiele notwendigerweise unvollkommen und unangemessen sind, denn sie veranschaulichen die Schöpfung geistiger Bilder in endlichen Geistern, während das Universum eine Schöpfung des unendlichen Geistes ist. Der Unterschied zweier Pole trennt sie! Doch ist dies nur eine Sache des Grades – das gleiche Prinzip ist hier am Werk, das Prinzip der Entsprechung offenbart sich in beiden: »Wie oben, so unten; wie unten, so oben.«

In dem Grade, wie der Mensch erkennt, dass der »innewohnende (göttliche) Geist« immanent ist in seinem Sein, wird er in der geistigen Skala des Lebens steigen. Das ist es, was man unter geistiger

Entwicklung zu verstehen hat – das Erkennen, das Begreifen und die Offenbarung des reinen Geistes in uns. Versucht diese letzte Erklärung zu behalten – die von der geistigen Entwicklung. Sie enthält die Wahrheit der »wahren Religion«.

Es gibt viele Ebenen des Seins, viele Unterebenen des Lebens, viele Grade des Daseins im Universum. Und alle hängen ab vom Fortschritt der Geschöpfe in der Skala. Auf dieser Skala ist der niedrigste Punkt die gröbste Materie, während das höchste Geschöpf nur durch eine ganz dünne Scheidewand von dem Geiste des Alls getrennt ist. Und alles bewegt sich auf- und vorwärts auf dieser Stufenleiter des Lebens. Alle sind auf dem »Pfad«, dessen Ende das All ist. Jeder Fortschritt ist Heimkehr. Alles ist ein Aufwärts und Vorwärts, trotz aller gegensätzlichen Erscheinungen. Das ist die Botschaft der Erleuchteten.

Die hermetischen Lehren über den Prozess der geistigen Schöpfung des Universums besagen, dass am Anfang eines Schöpfungszyklus das All, im Aspekt des »Seins«, seinen Willen auf den Aspekt des »Werdens« überträgt, und damit beginnt der Prozess der Schöpfung. Er besteht in der Herabsetzung der Schwingungen, bis ein sehr geringer Grad der Schwingungsenergie und somit die gröbste Form der Materie erreicht ist. Dieser Prozess wird das Stadium der Involution genannt, in dem das All in seine Schöpfung hineingehüllt wird. Die Hermetiker glauben, dass dieser Prozess in gewisser Weise dem geistigen Prozess entspricht, in dem ein Künstler, Schriftsteller oder Erfinder bis zu einem gewissen Grade in seine geistige Schöpfung eingehüllt wird, sodass man beinahe seine eigene Existenz vergisst, wo er doch zu Lebzeiten gewissermaßen in seiner Schöpfung lebt. Wenn wir statt »eingehüllt« den Ausdruck »versunken« verwenden, wird man vielleicht noch besser verstehen, was gemeint ist.

Dieses Stadium der Involution der Schöpfung wird auch manch-

mal das »Ausgießen« der göttlichen Energie genannt, so wie das der Evolution das »Einziehen« genannt wird. Der äußerste Pol des Schöpfungsprozesses wird als der am weitesten vom All entfernte angesehen, während der Beginn des evolutionären Stadiums als Beginn des Zurückschwingens des rhythmischen Pendels betrachtet wird – die Idee der Heimkehr, an der in allen hermetischen Lehren festgehalten wird.

Die Lehren gehen dahin, dass während des »Ausgießens« die Schwingungen immer niedriger werden, bis schließlich der Impuls aufhört und das Zurückschwingen beginnt. Nur mit dem Unterschied, dass sich während des »Ausgießens« die schöpferischen Kräfte als kompakt und als Ganzes offenbaren, das Gesetz der Individualisierung dagegen vom Beginn der Evolution an in Erscheinung tritt, d. h. die Neigung, sich in Teilkräfte zu spalten, sodass schließlich das, was das All als unindividualisierte Energie verließ, in Form von unzähligen hoch entwickelten Einheiten des Lebens zu seinem Ursprung zurückkehrt, nachdem diese in der Stufenleiter durch physische, geistige und rein geistige Evolution immer höher gestiegen waren.

Die alten Hermetiker benutzen das Wort »Meditation«, wenn sie den Prozess der geistigen Schöpfung des Universums im Geiste des Alls beschreiben wollen. Doch wird auch das Wort »Betrachtung« häufig gebraucht. Aber der Gedanke, dem hier Ausdruck gegeben werden soll, ist die Anwendung der göttlichen Aufmerksamkeit. Das englische Wort »Attention« wurde aus einer lateinischen Wurzel abgeleitet und heißt so viel wie Ausdehnung, Ausstrecken; und so ist ein Akt der Aufmerksamkeit wirklich ein geistiges Ausstrecken, ein Ausdehnen geistiger Energie, sodass die zugrunde liegende Idee leicht verstanden werden kann, wenn wir die wirkliche Bedeutung des Wortes »Aufmerksamkeit« prüfen.

Die hermetischen Lehren über den Prozess der Evolution besa-

gen, dass das All, nachdem es über den Anfang der Schöpfung meditiert und so die materiellen Grundlagen des Universums gelegt, sie erdacht habe, dass das All allmählich aus seiner Meditation erwacht und damit den Prozess des Einziehens auf der materiellen, geistigen und rein geistigen Ebene nacheinander ordnungsgemäß in Erscheinung treten lässt. So beginnt die Bewegung nach aufwärts, alles beginnt sich zu vergeistigen, die Materie wird weniger grob, die Einheiten treten ins Dasein, die Verbindungen bilden sich, das Leben erscheint und offenbart sich in immer höheren Formen und da die Schwingungen immer höher werden, tritt immer mehr das Geistige in Erscheinung. Kurz, der ganze Prozess der Evolution in all seinen Phasen beginnt und schreitet fort nach den festgelegten Gesetzen des Einziehungsprozesses. All dies benötigt Äonen über Äonen menschlicher Zeitrechnung, jedes Äon zahllose Millionen von Jahren umfassend, doch die Erleuchteten sagen uns, dass die ganze Schöpfung eines Universums einschließlich Involution und Evolution vor dem All nicht mehr bedeutet als ein Augenblinzeln. Am Ende der zahllosen Zyklen von Äonen zieht das All seine Aufmerksamkeit – seine Betrachtung und Versenkung – von den Universen zurück, denn das große Werk ist beendet und alles ist wieder aufgenommen vom All, aus dem es hervorging. Aber – welch höchstes Mysterium! – der Geist jeder Seele wird nicht vernichtet, sondern hat sich bis zur Unendlichkeit erweitert – Geschöpf und Schöpfer sind ineinander aufgegangen. So berichten die Erleuchteten. Obige Erläuterung der Meditation des Alls und das daraus erfolgende »Erwachen aus der Meditation« ist natürlich nur ein Versuch der Lehrer, den unendlichen Prozess mit einem endlichen Beispiel zu beschreiben. Und doch: Wie unten, so oben. Der Unterschied liegt nur im Grade. Und so, wie sich das All aus seiner Meditation über das Universum erhebt, so hört der Mensch auch zur gegebenen Zeit auf, sich auf der materiellen Ebene zu betätigen,

und zieht sich immer mehr in den in ihm wohnenden reinen Geist zurück, der fürwahr das göttliche Ich ist.

In dieser Lektion möchten wir noch von etwas anderem sprechen, und das grenzt sehr nahe an das metaphysische Gebiet der Spekulation, obgleich wir damit nur die Unzulänglichkeit solcher Spekulationen zeigen wollen. Wir spielen an auf die Frage, die allen Denkern aufstößt, die wagen, die Wahrheit zu suchen. Diese Frage ist: Warum schafft das All Universen? Diese Frage kann in verschiedenen Formen gestellt werden, aber die obige Formulierung trifft den Kern der Untersuchung am besten.

Die Menschen haben hart um die Beantwortung dieser Frage gerungen, doch gibt es darauf keine richtige Antwort. Einige haben sich eingebildet, das All habe dadurch irgendetwas zu gewinnen, aber das ist absurd, denn was könnte das All gewinnen, was es nicht schon besäße. Andere haben die Antwort in dem Gedanken gesucht, dass das All etwas zu lieben wünsche, andere, dass es erschüfe zu seiner Freude, oder um seine Kraft zu bekunden, alles kindliche Erklärungen und Gedanken, die einer unreifen Periode des Denkens angehören.

Andere haben versucht, das Mysterium durch die Annahme zu erklären, das All fühle sich durch seine eigene innere Natur, durch seinen schöpferischen Instinkt getrieben zu erschaffen. Dieser Gedanke ist schon ein Fortschritt gegenüber dem anderen, aber sein schwacher Punkt liegt in der Annahme, dass das All durch irgendetwas Innerliches oder Äußerliches getrieben sei, etwas zu tun. Wenn seine innere Natur oder sein schöpferischer Instinkt es triebe, etwas zu tun, dann würde seine innere Natur oder sein schöpferischer Instinkt das Absolute sein anstatt das All, und so fällt dieser Teil des Vorschlages. Und doch schafft und offenbart sich das All und scheint darin eine Art von Befriedigung zu empfinden, und es ist schwer, der Schlussfolgerung zu entgehen, dass es

in irgendeinem unendlichen Grade so etwas haben müsse, was einer inneren Natur oder einem schöpferischen Instinkt beim Menschen entspricht mit entsprechendem unendlichen Wunsch und Willen. Es würde nicht handeln, wenn es nicht zu handeln wünschte. Und alle diese Dinge würden zu einer inneren Natur gehören und könnten als existierend gefordert werden gemäß dem Gesetz der Entsprechung. Aber dennoch ziehen wir vor, uns vorzustellen, dass das All gänzlich frei von jedem inneren und äußeren Einfluss handelt. Das ist das Problem, das dieser Schwierigkeit – und die Schwierigkeit, die diesem Problem – zugrunde liegt.

Genau genommen kann nicht gesagt werden, dass für das All irgendein Grund besteht zu handeln. Denn ein Grund verlangt eine Ursache und das All ist jenseits von Ursache und Wirkung, ausgenommen es will eine Ursache werden; in diesem Augenblick wird das Prinzip in Gang gesetzt. So seht Ihr, dieser Gegenstand ist undenkbar, so wie das All unerkennbar ist. So wie wir sagen, dass das All eben ist, so sind wir gezwungen zu sagen, dass es »handelt, weil es handelt«. Schließlich, das All trägt alle Gründe in sich selbst und man kann getrost sagen: Das All ist seine eigene Begründung, sein eigenes Gesetz, seine eigene Tat, oder noch mehr: dass das All, seine Begründung, sein Handeln, sein Gesetz eins sind, alles Namen für ein und dasselbe. Nach Meinung derer, die Euch diese Lektion geben, ist die Antwort in dem inneren Selbst des Alls eingeschlossen zusammen mit seinem Geheimnis des Seins. Das Gesetz der Entsprechung reicht unserer Ansicht nach nur bis zur Erscheinungsform des Alls, die wir die des »Werdens« nennen können. Jenseits dieser ist die Erscheinungsform des Seins, in der sich alle Gesetze in ein Gesetz auflösen, alle Prinzipien zu einem verschmelzen und – All, Prinzip, Sein sind identisch, ein und dasselbe. Darum ist metaphysische Spekulation über diesen Punkt unzulänglich. Wir sind an die Frage nur deshalb herangetreten, um zu zei-

gen, dass wir sie wohl klar erkennen, aber auch die Sinnlosigkeiten der gewöhnlichen Antworten der Metaphysiker und Theologen.

Zum Abschluss mag es für unsere Schüler von Interesse sein zu hören, dass einige der alten und neuzeitlichen hermetischen Lehrer dahin neigten, das Prinzip der Entsprechung auf diese Frage anzuwenden, mit dem Resultat der Folgerung einer »inneren Natur«, dass aber der Überlieferung nach Hermes, der Große, die Frage seiner fortgeschrittenen Schüler beantwortet haben soll, indem er seine Lippen fest zusammenpresste, ohne ein Wort zu sagen, um auszudrücken, dass es auf diese Frage keine Antwort gäbe. Es mag auch sein, dass er beabsichtigte, den Grundsatz seiner Philosophie anzuwenden, der da lautet: »Die Lippen der Weisheit sind verschlossen, nur nicht für die Ohren des Verständnisses«, und dass er glaubte, dass selbst seine fortgeschrittenen Schüler nicht das Verständnis besäßen, das sie zu einer Belehrung berechtigt hätte. Jedenfalls, wenn Hermes das Geheimnis besaß, so hat er es nicht mitgeteilt, und soweit es die Welt betrifft, sind die Lippen von Hermes hierüber geschlossen. Und wo der große Hermes zögerte zu sprechen, welcher Sterbliche dürfte da zu lehren wagen?

Aber was auch immer die Antwort auf dieses Problem sei – wenn es überhaupt eine Antwort gibt –, denkt daran, dass die Wahrheit bestehen bleibt: »Während Alles im All ist, ist es gleichermaßen wahr, dass das All in Allem ist.« Auf diesen Punkt legt die Lehre besonderen Wert und wir zitieren dazu abschließend die Worte: »Wer diese Wahrheit versteht, hat ein großes Wissen erlangt.«

8| Die Ebenen der Entsprechungen

Wie oben, so unten; wie unten, so oben.

Kybalion

Das zweite große hermetische Prinzip enthält die Wahrheit, dass Harmonie, Übereinstimmung und Entsprechung zwischen den verschiedenen Erscheinungsebenen von Leben und Sein bestehen. Diese Wahrheit ist wirklich Wahrheit, weil alles, was im Universum enthalten ist, aus demselben Ursprung herrührt; und dieselben Gesetze, Prinzipien und Merkmale passen auf jede Einheit oder Verbindung von aktiven Einheiten, denn jede offenbart ihre eigenen Erscheinungen auf ihrer eigenen Ebene.

Aus Gründen der Bequemlichkeit des Denkens und Forschens hält es die hermetische Philosophie für zweckmäßig, das Universum in drei große Klassen von Erscheinungsformen einzuteilen, die als »die drei großen Ebenen« bekannt sind:

1. Die große physikalische Ebene
2. Die große geistige Ebene
3. Die große rein geistige, spirituelle Ebene

Die Einteilung ist mehr oder weniger künstlich und willkürlich, denn in Wirklichkeit sind alle drei Unterabteilungen nur steigende Grade der großen Stufenleiter des Lebens, deren niedrigster Punkt indifferente Materie, deren höchster aber reiner Geist ist. Überdies gehen die verschiedenen Ebenen ineinander über, sodass keine genaue und feste Unterscheidung zwischen den höheren Erschei-

nungen der physischen und den niederen der geistigen oder zwischen den höheren der geistigen und den niedrigeren der rein geistigen Ebene gemacht werden kann.

Kurz, die drei großen Ebenen können als drei große Gruppen von Erscheinungsgraden des Lebens betrachtet werden. Wenn es uns auch der Rahmen dieses kleinen Buches nicht erlaubt, in eine ausführliche Besprechung oder Erklärung dieser verschiedenen Ebenen einzutreten, halten wir es doch für richtig, hier eine allgemeine Beschreibung derselben zu geben.

Zuerst wollen wir einmal die Frage behandeln, die so oft von Anfängern gestellt wird, die über die Bedeutung des Wortes »Ebene« unterrichtet zu werden wünschen, ein Ausdruck, der sehr viel angewandt, aber in neuen Werken über das Gebiet des Okkultismus sehr wenig erklärt wird. Die Frage ist im Allgemeinen ungefähr folgende: Ist eine Ebene ein Ort, der Dimensionen hat, oder ist sie nur ein Zustand, ein Stand der Dinge? Wir antworten: Nein, weder ein Ort noch eine gewöhnliche Dimension des Raumes und doch mehr als ein Zustand oder ein Stand der Dinge. Sie könnte als ein Zustand angesehen werden und doch ist dieser Zustand oder diese Lage ein messbarer Grad der Dimension einer Skala. Etwas paradox, nicht wahr? Aber wir wollen der Sache auf den Grund gehen. Eine »Dimension« ist, wie Ihr wisst, »eine Abmessung in gerader Linie zu einem Maß in Beziehung gebracht« usw. Die gewöhnlichen Dimensionen des Raumes sind Länge, Breite und Höhe oder vielleicht Länge, Breite, Höhe und Dichte oder Umfang. Aber es gibt noch eine andere Dimension »erschaffener Dinge«, ein anderes Maß in gerader Linie, den Okkultisten wohlbekannt, ebenso den Gelehrten, obgleich Letztere dafür noch nicht die Bezeichnung »Dimension« anwenden, und diese neue Dimension, die übrigens die viel überdachte »vierte Dimension« ist, ist der Maßstab zur Unterscheidung der Grade oder »Ebenen«.

Diese vierte Dimension kann auch die Dimension der Schwingungen genannt werden. Es ist die Tatsache, die der modernen Wissenschaft ebenso wohlbekannt ist wie den Hermetikern, die diese Wahrheit in ihrem dritten hermetischen Prinzip verankert haben, welches lautet: »Alles ist in Bewegung, alles schwingt, nichts ist in Ruhe.«

Von der höchsten Erscheinungsform bis zur niedrigsten schwingt alles und jedes. Es schwingt nicht nur in verschiedener Schwingungszahl, sondern auch in verschiedenen Richtungen und in verschiedener Art. Die Höhe der Schwingungszahl wird der Maßstab auf der Skala der Schwingungen, mit anderen Worten: Sie bildet die Grade der vierten Dimension. Diese Grade sind das, was die Okkultisten »Ebenen« nennen. Je höher die Schwingungszahl, desto höher die Ebene und desto höher die Erscheinungsform des Lebens auf dieser Ebene. Also, wenn auch die Ebene kein »Ort« ist und auch kein »Zustand«, so besitzt sie doch die Eigenschaften, die beiden gemeinsam sind. Wir werden in unseren nächsten Lektionen über die Skala der Schwingungen mehr zu sagen haben, wenn wir das hermetische Prinzip der Vibration behandeln.

Jedenfalls denkt daran, dass die drei großen Ebenen nicht tatsächlich Teilungen der Erscheinungsformen des Universums sind, sondern lediglich willkürliche Bezeichnungen der Hermetiker, um in die Betrachtung und das Studium der verschiedenen Grade und Formen der Tätigkeit und der Formen des Universums einzuführen. Das Atom der Materie, die Einheit der Kraft, der Menschengeist, das Wesen eines Erzengels sind alle nur eine Sache des Grades und der Höhe der Schwingung – alle sind Schöpfungen des Alls und haben ihr Dasein allein im unendlichen Geiste des Alls.

Die Hermetiker unterteilen jede der drei großen Ebenen in sieben kleinere Ebenen und jede von diesen ist ebenso in sieben Unterebenen unterteilt. Alle diese Einteilungen sind mehr oder weniger

willkürlich, gehen ineinander über und sind nur zum bequemeren wissenschaftlichen Forschen und Denken vorgenommen worden.

Die große physikalische Ebene und ihre sieben kleineren Ebenen sind die Einteilung jener Erscheinungsformen des Universums, die alles umschließen, was sich auf Physik oder materielle Dinge, Kräfte oder Erscheinungen bezieht. Es werden alle Formen dessen einbezogen, was wir Materie nennen, und dessen, was wir Energie oder Kraft nennen. Aber Ihr müsst Euch daran erinnern, dass die hermetische Philosophie Materie weder als »ein Ding an sich« betrachtet, noch annimmt, sie habe eine besondere Existenz im Geiste des Alls. Die Lehre besagt, dass Materie nur eine Form der Energie ist, d. h. Energie gewisser Art mit sehr niedriger Schwingungszahl. Deshalb ordnen die Hermetiker die Materie unter die Rubrik der Energie ein und teilen sie drei der sieben kleineren Ebenen der großen physikalischen Ebene zu. Diese sieben kleineren physikalischen Ebenen sind folgende:

1. Die Ebene der A-Materie
2. Die Ebene der B-Materie
3. Die Ebene der C-Materie
4. Die Ebene der ätherischen Substanz
5. Die Ebene der A-Energie
6. Die Ebene der B-Energie
7. Die Ebene der C-Energie

Die Ebene der A-Materie umfasst die Formen der Materie in ihrer Form als feste Körper, Flüssigkeit und Gase, wie sie im Allgemeinen in den Lehrbüchern der Physik bezeichnet sind. Die Ebene der B-Materie umfasst gewisse höhere und feinere Formen der Materie, deren Vorhandensein die moderne Wissenschaft erst jetzt erkennnt:

die Erscheinungsformen strahlender Materie wie z. B. Radium, die niedrigeren Unterabteilungen dieser Unterebene angehören. Die Ebene der C-Materie umfasst Formen der feinsten und zartesten Materie, deren Existenz von gewissen Wissenschaftlern angenommen wird. Die Ebene der ätherischen Substanz umfasst das, was die Wissenschaft als Äther bezeichnet, eine Substanz von äußerster Zartheit und Dehnbarkeit, die den ganzen Raum des Universums durchdringt und als Medium für die Übertragung von Energiewellen dient wie Licht, Wärme, Elektrizität usw. Diese ätherische Substanz bildet das verbindende Glied zwischen sogenannter Materie und Energie und nimmt teil an der Natur beider. Die Hermetiker jedoch lehren, dass diese Ebene sieben Unterabteilungen hat, wie alle Unterebenen, und dass es tatsächlich sieben Äther gibt statt einen. Als Nächste über der Ebene der ätherischen Substanz kommt die Energieebene A mit ihren sieben Unterebenen, die die gewöhnlichen Formen der der Wissenschaft bekannten Energie umfasst: Wärme, Licht, Magnetismus, Elektrizität und Anziehung (einschließlich Gravitation, Kohäsion und chemische Affinität) und verschiedene andere Formen von Energie, die auch durch wissenschaftliche Experimente angezeigt, aber noch nicht bekannt oder klassifiziert wurden. Die Energieebene B umfasst die sieben Unterebenen von höheren Energieformen, die von der Wissenschaft bisher noch nicht entdeckt sind, die aber »feinere Naturkräfte« genannt und durch gewisse geistige Erscheinungsformen hervorgerufen und ermöglicht werden. Die Ebene der C-Energie umfasst sieben Unterebenen von Energien, die so hoch organisiert sind, dass sie viele Merkmale des Lebens tragen, die aber der menschliche Geist in seiner gewöhnlichen Entwicklung nicht erfassen kann und die nur für Wesen auf der rein geistigen Ebene bestimmt sind. Eine derartige Energie ist für gewöhnliche Menschen undenkbar und kann nahezu als göttliche Kraft angesehen werden. Die Wesen,

die diese Energien anwenden, sind Götter im Vergleich zu den uns bekannten am höchsten entwickelten Menschen.

Die große Mentalebene umfasst jene Formen »lebendiger Dinge«, die uns im gewöhnlichen Leben bekannt sind, und gewisse, meist nur Okkultisten bekannte Formen. Die Einteilung der sieben kleineren Mentalebenen ist ziemlich willkürlich und nicht allzu befriedigend, wenn sie nicht von ausführlichen Erklärungen begleitet ist, die über den besonderen Zweck dieses Werkes hinausgehen. Trotzdem wollen wir sie erwähnen. Sie ist folgendermaßen:

1. Die Ebene der Mineralseelen
2. Die Ebene der Elementarseelen A
3. Die Ebene der Pflanzenseelen
4. Die Ebene der Elementarseelen B
5. Die Ebene der Tierseelen
6. Die Ebene der Elementarseelen C
7. Die Ebene der Menschenseelen

Die Ebene der Mineralseelen umfasst die Zustände der Einheiten oder Wesenheiten oder Gruppen und Verbindungen derselben, die die Formen beleben, die uns als Mineralien, Chemikalien usw. bekannt sind. Diese Wesen dürfen nicht mit den Molekülen, Atomen und Korpuskeln verwechselt werden, die nur die materiellen Körper oder Formen dieser Wesenheiten sind, so wie der Körper des Menschen nur seine materielle Form, nicht aber er selbst ist.

Diese Wesenheiten können in gewissem Sinne »Seelen« genannt werden und sind Lebewesen von einem niedrigen Entwicklungsgrad des Lebens und Geistes, gerade ein wenig höher als die Einheiten der lebenden Energien, die die höheren Unterabteilungen der höchsten physikalischen Ebene umfassen. Der durchschnittliche Menschengeist billigt gewöhnlich dem Mineralreich nicht den

Besitz von Seele oder Leben zu, aber alle Okkultisten erkennen die Existenz derselben an und die niedere Wissenschaft bewegt sich mit großer Schnelligkeit auf diesen Standpunkt der Hermetiker zu. Die Moleküle und die Korpuskeln haben ihre Liebe und ihren Hass, Neigung und Abneigung, Anziehung und Abstoßung, Verwandtschaft und Nichtverwandtschaft usw. und einige kühnere moderne Wissenschaftler haben ihre Meinung dahingehend zum Ausdruck gebracht, dass sich Wunsch und Wille, Erregungen und Gefühle der Atome nur dem Grade nach von denen der Menschen unterscheiden. Wir haben weder Zeit noch Raum, diese Frage hier zu behandeln. Alle Forscher im Abstrakten wissen, dass es eine Tatsache ist, und die anderen mögen die Bestätigung von außerhalb in einem der neueren wissenschaftlichen Werke suchen. Auch diese Ebene hat sieben Unterabteilungen.

Die Ebene der Elementarseelen A umfasst den Zustand und Grad der geistigen und Lebensentwicklung einer Klasse von Wesenheiten, die dem Durchschnittsmenschen unbekannt, aber von allen Okkultisten anerkannt sind. Sie sind für die gewöhnlichen Sinne der Menschen nicht wahrnehmbar, aber trotzdem existieren sie und spielen ihre Rolle in dem Drama des Universums. Ihr Grad von Intelligenz liegt zwischen dem der Mineralien und Chemikalwesen einerseits und dem der Wesenheiten des Pflanzenreiches andererseits. Es gibt auch hier sieben Unterabteilungen.

Die Ebene der Pflanzenseelen in ihren sieben Unterabteilungen umfasst den Zustand der Wesenheiten, die die Reiche der Pflanzenwelt einnehmen, deren Lebens- und geistige Erscheinungen von jedem durchschnittlich intelligenten Menschen verstanden werden, umso mehr als viele neue und interessante wissenschaftliche Werke über den Geist und das Leben der Pflanzen in der letzten Zeit veröffentlicht worden sind. Pflanzen haben Leben, Geist und Seele so wie die Tiere, Menschen und höheren Menschen.

Die Ebene B der Elementarseelen enthält in ihren sieben Unterabteilungen die Zustände einer höheren Form elementarer bzw. unsichtbarer Wesenheiten, die ihre Rolle in dem großen Arbeitsplan des Universums zu spielen haben und deren Leben und Geist einen Teil der Skala zwischen den Ebenen der Pflanzen- und Tierseelen einnehmen und an der Natur beider teilhaben.

Die Ebene der Tierseelen umfasst in ihren sieben Unterabteilungen diejenigen Wesen, Geschöpfe oder Seelen, die die tierischen Formen beleben, die uns allen vertraut sind. Es ist nicht nötig, sich im Einzelnen über das Tierreich zu ergehen, denn die Tierwelt ist uns ja so vertraut wie unsere eigene.

Die Ebene C der Elementarseelen umfasst in ihren sieben Unterabteilungen diejenigen Wesen oder Geschöpfe, die in gewissem Maße und gewissen Verbindungen wie alle diese Elementarformen sowohl an der Natur des Tierischen als auch des Menschlichen teilnehmen. Die höchsten Formen sind deshalb menschlich, was ihre Intelligenz betrifft.

Die Ebene des menschlichen Geistes umfasst solche Formen des menschlichen Geistes, die den Menschen gemeinsam sind in ihren verschiedenen Stufen, Graden und Einteilungen. In diesem Zusammenhang wollen wir auf die Tatsache hinweisen, dass der Durchschnittsmensch nur die 4. Unterabteilung der menschlichen Geistesebene einnimmt; nur die Intelligentesten haben die Grenze der 5. Unterabteilung überschritten. Es hat Jahrmillionen gedauert, bis das Menschengeschlecht diese Stufe erreichte. Und es wird noch viel länger dauern, bis es die 6. oder 7. Unterabteilung erreicht oder überschreitet. Aber bedenkt, dass schon vor uns Menschengeschlechter diese Ebenen überschritten haben, hinauf zu noch höheren Stufen. Unser Menschengeschlecht ist das 5., das mit Nachzüglern des 4. den Pfad betreten hat. Ferner gibt es einige fortgeschrittene Seelen, die die Masse überholt haben und bis zur 6.

und 7. Unterabteilung vorgeschritten sind, und einige wenige sind noch weiter; der Mensch der 6. Unterabteilung wird der höhere Mensch genannt und der der 7. der Übermensch.

In unserer Betrachtung der sieben kleineren Mentalebenen haben wir auf die drei Elementarebenen nur im Allgemeinen Bezug genommen. Wir wollen über sie in diesem Werk nicht in Einzelheiten eingehen, denn das gehört nicht zu diesem Teil der ganzen Physiologie und Lehre. Aber um Euch eine etwas klarere Idee von der Verwandtschaft dieser Ebene zu den bekannteren zu geben, wollen wir wenigstens andeuten, dass die Elementarebenen dieselbe Beziehung zu den Geistes- und Lebensebenen der Minerale, Pflanzen, Tiere und Menschen haben, wie die weißen Tasten auf dem Klavier zu den schwarzen. Die weißen Tasten genügen, um Musik zu machen, aber es gibt gewisse Tonleitern, Melodien und Harmonien, in denen die schwarzen Tasten ihre Rolle spielen und bei denen ihre Gegenwart notwendig ist. Sie sind auch notwendig als Verbindungsglieder der Seelen- und Wesenszustände usw. zwischen den verschiedenen anderen Ebenen. Hierbei werden gewisse Entwicklungsformen erreicht und diese Tatsache wird dem, der zwischen den Zeilen lesen kann, neue Erkenntnisse über den Prozess der Evolution und einen neuen Schlüssel zu dem Geheimnis der Sprünge des Lebens zwischen den Reichen geben. Die großen Elementarreiche sind von allen Okkultisten voll und ganz erkannt worden und alle esoterischen Schriften erwähnen sie immer wieder. Die Leser von Bulwer-Lyttons »Zanoni« und ähnlichen Erzählungen werden die Wesen erkennen, die diese Lebensebenen bewohnen. Was sollen wir aber sagen, wenn wir von der großen Mentalebene zur höchsten Geistesebene übergehen? Wie sollen wir diese höheren Zustände des Seins, Lebens und Geistes einem Menschen erklären, der noch nicht einmal in der Lage ist, die höheren Unterabteilungen der menschlichen Geistesebene zu erkennen und zu begreifen? Die Aufgabe ist

unmöglich. Wir können nur in ganz allgemeinen Ausdrücken sprechen. Wie soll man einem, der blind geboren ist, das Licht beschreiben, wie Zucker einem, der niemals etwas Süßes gekostet hat, wie Harmonie einem taub geborenen?

Alles, was wir sagen können, ist, dass die sieben kleineren Ebenen der großen rein geistigen Ebene (die sieben kleineren Ebenen haben jede ihre sieben Unterabteilungen) Wesen umfassen mit Leben, Geist und Formen, die so weit über dem stehen, was den heutigen Menschen zu eigen ist, wie Letztere über dem Regenwurm, dem Mineral oder sogar über gewissen Formen der Energie oder der Materie stehen. Das Leben dieser Wesen übersteigt das unsere so weit, dass wir für sie kaum zu denken und unsere geistigen Funktionen ihren materiellen Prozessen sehr ähnlich zu sein scheinen. Der Stoff, aus dem sie zusammengesetzt sind, stammt aus den höchsten Ebenen der Materie, nein – einige von ihnen sollen in reine Energie gekleidet sein. Was soll man über solche Geschöpfe sagen?

Auf den sieben kleineren Ebenen der großen geistigen Ebene leben Geschöpfe, die wir Engel, Erzengel oder Halbgötter nennen können. Auf den niedrigeren kleineren Ebenen wohnen die großen Seelen, die wir Weise und Adepten nennen. Über ihnen kommen die großen Hierarchien oder himmlischen Heerscharen, für Menschen unvorstellbar, und über diesen jene, die ohne Unehrerbietigkeit die Götter genannt werden können. Sie sind so hoch auf der Stufenleiter des Seins, dass ihr Dasein, ihre Intelligenz und ihre Macht dem vergleichbar sind, was Menschengeschlechter ihren Begriffen von Göttlichkeit beigelegt haben. Viele dieser Wesen wie auch die himmlischen Heere haben die größte Anteilnahme an den Geschehnissen des Universums und spielen dabei eine wichtige Rolle. Diese unsichtbaren Gottheiten und engelhaften Helfer machen ihren Einfluss frei und mächtig geltend in dem Prozess der Evolution und im kosmischen Prozess. Ihr gelegentliches

Eingreifen in menschliche Angelegenheiten hat zu vielen Legenden, Glaubensvorstellungen, Religionen und Traditionen des vergangenen und heutigen Menschengeschlechtes geführt. Sie haben ihre Kenntnisse und ihre Macht der Welt gegenüber immer wieder zur Geltung gebracht. Natürlich alles unter dem Gesetz des Alls.

Doch bestehen sogar die höchsten dieser vorgeschrittenen Wesen nur im Geiste des Alls als seine Schöpfungen und sind den kosmischen Prozessen und Gesetzen des Universums unterworfen. Sie sind noch sterblich. Wir können sie, wenn wir wollen, »Götter« nennen, aber noch sind sie die älteren Brüder des Menschengeschlechtes, die fortgeschrittenen Seelen, die ihre Brüder überholt haben und vorangegangen sind in der Verzückung des Aufgehens im All, um den Menschen zu helfen auf ihrer Reise nach oben, den Pfad entlang. Aber sie gehören zum Universum und sind seinen Bedingungen unterworfen – sie sind sterblich und ihre Ebene ist unter der des absoluten reinen Geistes.

Nur die am weitesten fortgeschrittenen Hermetiker sind in der Lage, die tieferen Lehren über die Daseinsbedingungen und die Kräfte zu geben, die auf den rein geistigen Ebenen in Erscheinung treten. Die Erscheinungsform ist so viel höher als auf den mentalen Ebenen, dass der Versuch, sie zu beschreiben, sicherlich eine Begriffsverwirrung hervorrufen würde. Nur diejenigen, deren Geist auf der Linie der hermetischen Philosophie jahrelang sorgfältig geübt wurde – ja nur solche, die aus anderen Inkarnationen die früher erworbenen Erkenntnisse mitgebracht haben, können das, was mit der Lehre dieser rein geistigen Ebene gemeint ist, richtig verstehen. Vieles dieser tieferen Lehre wurde von den Hermetikern für zu heilig, zu wichtig und sogar für zu gefährlich für eine allgemeine öffentliche Verbreitung gehalten. Der intelligente Schüler kann erkennen, was wir mit der Feststellung meinen, dass die Bedeutung von »reiner Geist«, wie sie von den Hermetikern ange-

wendet wird, gleichbedeutend ist mit »lebende Kraft«, »lebendige Kraft«, »innere Essenz«, »Lebensessenz« usw., eine Bedeutung, die nicht mit der verwechselt werden darf, die gewöhnlich darunter verstanden wird und zwar als »religiös«, »kirchlich«, »spirituell«, »ätherisch«, »heilig« usw. Den Okkultisten bedeutet das Wort »reiner Geist« das belebende Prinzip mit der Idee der Kraft, der lebendigen Energie, der mystischen Kraft usw. Und die Okkultisten wissen, dass das, was ihnen als rein geistige Kraft bekannt ist, zum Schlechten und zum Guten angewandt werden kann (in Übereinstimmung mit dem Prinzip der Polarität), eine Tatsache, die von den meisten Religionen mit ihren Begriffen von Satan, Beelzebub, Teufel, Luzifer, gefallener Engel usw. anerkannt worden ist. Darum wurde das Wissen über die Ebenen in allen esoterischen Bruderschaften und okkulten Orden im Allerheiligsten des Tempels verschlossen. Aber das mag hier gesagt sein: Diejenigen, die eine hohe geistige Macht erreicht und sie missbraucht haben, haben ein schreckliches Schicksal zu erwarten. Und der Schwung des rhythmischen Pendels wird sie unausweichlich zurückschwingen in das alleräußerste Extrem der materiellen Existenz, von wo sie ihre Schritte den ermüdenden Pfad entlang wieder zurücklenken müssen, aber immer mit der zusätzlichen Qual, dass sie stets die unzerstörbare Erinnerung an die Höhen begleitet, von denen sie wegen ihrer bösen Tat gestürzt sind. Die Legenden von gefallenen Engeln haben ihren Ursprung in wirklichen Geschehnissen, wie fortgeschrittene Okkultisten wissen. Das Streben nach eigennütziger Macht auf den rein geistigen Ebenen lässt die egoistische Seele ihr rein geistiges Gleichgewicht verlieren und sie so tief stürzen, wie sie früher emporgestiegen war. Aber selbst für solche Seelen ist die Gelegenheit für eine Rückkehr gegeben und sie können heimkehren, wenn sie die fürchterliche Strafe zahlen, die das unumstößliche Gesetz verlangt.

Zum Schluss wollen wir Euch noch einmal daran erinnern, dass

alle sieben hermetischen Prinzipien nach dem Gesetz der Entsprechung auf allen physischen, geistigen und rein geistigen Ebenen in voller Wirksamkeit sind, indem sie die Wahrheit enthalten »Wie oben, so unten; wie unten, so oben«. Das Prinzip der mentalen Substanz richtet sich natürlich auf alle Ebenen, denn sie sind alle gehalten im Geiste des Alls. Das Prinzip der Entsprechung erscheint in allem, denn überall gibt es eine Entsprechung, Harmonie und Übereinstimmung in den verschiedenen Ebenen. Das Prinzip der Schwingung offenbart sich auf allen Ebenen und gerade die Unterschiede der Schwingung lassen die »Ebenen« höher steigen, so wie wir es erklärten. Das Prinzip der Polarität offenbart sich auf jeder Ebene, denn es ist augenscheinlich, dass die Extreme der Pole im Gegensatz zueinander stehen und sich widersprechen. Das Prinzip des Rhythmus offenbart sich auf jeder Ebene, denn die Bewegungen der Erscheinungsformen haben Ebbe und Flut, Steigen und Fallen, Ein und Aus. Das Prinzip der Ursache und Wirkung offenbart sich auf jeder Ebene, da jede Wirkung ihre Ursache und jede Ursache ihre Wirkung hat. Das Prinzip des Geschlechts offenbart sich auf jeder Ebene, denn die schöpferische Energie tritt stets in Erscheinung und wirkt auf der Linie ihrer männlichen und weiblichen Aspekte. »Wie oben, so unten; wie unten, so oben.«

Dieser jahrhundertealte hermetische Grundsatz enthält eines der größten hermetischen Prinzipien der Erscheinungsformen des Universums. Wenn wir mit unserer Betrachtung der restlichen Prinzipien weiterschreiten, werden wir die Wahrheit der universellen Natur dieses großen Prinzips der Entsprechungen klarer erkennen.

9| Schwingung

Nichts ist in Ruhe, alles bewegt sich, alles ist in Schwingung.
Kybalion

Das dritte große hermetische Prinzip, das Prinzip der Schwingung, enthält die Wahrheit, dass sich Bewegung überall im Universum offenbart, dass nichts in Ruhe ist, dass sich alles bewegt, schwingt und kreist. Dieses hermetische Prinzip wurde von einigen der ältesten griechischen Philosophen erkannt, die es in ihre Systeme einbauten. Aber dann wurde es von den Denkern, die außerhalb der hermetischen Reihen standen, für Jahrhunderte aus den Augen verloren. Aber im 19. Jahrhundert entdeckte die physikalische Wissenschaft diese Wahrheit von Neuem und die wissenschaftlichen Entdeckungen des 20. Jahrhunderts haben zusätzliche Beweise für die Richtigkeit dieser uralten hermetischen Lehre hinzugefügt.

Die hermetischen Lehren besagen, dass alles nicht nur in konstanter Bewegung und Schwingung ist, sondern dass die »Unterschiede« zwischen den verschiedenen Offenbarungen der universalen Kraft ausschließlich der wechselnden Höhe und Art der Schwingungen zuzuschreiben sind. Und nicht nur das, sondern dass sogar das All in sich eine dauernde Schwingung von einer so unendlichen Intensität und reißenden Schnelligkeit zeigt, dass man es praktisch als in Ruhe befindlich ansehen kann, und die Lehrer richten die Aufmerksamkeit der Schüler auf die Tatsache, dass sogar auf der physischen Ebene ein sich reißend schnell bewegender Gegenstand (wie z. B. ein sich drehendes Rad) in Ruhe zu sein scheint. Die Lehrer kom-

men zu dem Schluss, dass an dem einen Ende des Pols der Schwingungen reiner Geist ist, am andern außerordentlich grobe Formen der Materie. Zwischen diesen beiden Polen gibt es Millionen und Abermillionen von Schwingungen verschiedener Höhe und Art.

Die moderne Wissenschaft hat bewiesen, dass alles, was wir Materie und Energie nennen, nur Arten von schwingender Bewegung sind, und einige weiter fortgeschrittene Wissenschaftler nähern sich schnell der Position der Okkultisten, die behaupten, dass die geistigen Phänomene ebenfalls Arten von Schwingung oder Bewegung sind. Wir wollen einmal sehen, was die Wissenschaft über die Frage der Schwingung in der Materie und Energie zu sagen hat.

Erstens lehrt die Wissenschaft, dass alle Materie im gewissen Grade Schwingungen aufweist, die von der Temperatur oder Wärme ausgehen. Ein Gegenstand möge kalt oder warm sein (beides sind ja nur Grade ein- und desselben Dinges), stets zeigt er gewisse Wärmeschwingungen und in diesem Sinne ist er in Bewegung und Schwingung. Ferner sind alle Teilchen der Materie in kreisender Bewegung vom Elektron oder Ion bis zu den Sonnen. Die Planeten drehen sich um die Sonnen und viele von ihnen drehen sich um ihre eigene Achse. Die Sonnen bewegen sich um größere Zentralpunkte und diese sollen sich um noch größere bewegen und so weiter ad infinitum. Die Moleküle, aus denen die besonderen Arten der Materie bestehen, sind in einem Zustand dauernder Schwingung und Bewegung um- und gegeneinander. Die Moleküle sind aus Atomen zusammengesetzt, die sich ebenfalls im Zustand dauernder Bewegung und Schwingung befinden. Die Atome sind aus Korpuskeln zusammengesetzt, die man auch Elektronen oder Ionen nennt und die sich auch in rasender Bewegung umeinander drehen und sehr schnelle und hohe Schwingungen aufweisen. So sehen wir, dass alle Formen der Materie Schwingungen bekunden

in Übereinstimmung mit dem hermetischen Prinzip der Vibration oder Schwingung.

Und so ist es auch mit den verschiedenen Formen der Energie. Die Wissenschaft lehrt, dass Licht, Wärme, Magnetismus und Elektrizität nur Formen schwingender Bewegung sind, die damit in irgendeiner Form verbunden und wahrscheinlich Ausstrahlungen des Äthers sind. Der Wissenschaft ist es weder gelungen, die Natur der Erscheinung, die man mit Kohäsion bezeichnet, zu erklären, d. h. das Prinzip molekularer Anziehung, noch die der chemischen Affinität, die das Prinzip der atomischen Anziehung, noch die der Gravitation (des größten Mysteriums von den dreien), die das Prinzip einer Anziehung ist, durch die jedes Teilchen oder die Masse der Materie an jedes andere Teilchen oder Masse gebunden ist. Diese drei Formen der Energie hat die Wissenschaft bisher noch nicht begriffen, doch in der Fachliteratur neigt man zu der Ansicht, dass auch sie Erscheinungen irgendeiner Art von Schwingungsenergie sind, eine Tatsache, die die Hermetiker schon sehr lange behaupten und lehren. Der universale Äther, dessen Vorhandensein von der Wissenschaft gefordert wird, ohne dass seine Natur klar verstanden wird, ist nach Auffassung der Hermetiker nur eine höhere Erscheinungsform dessen, was man irrigerweise Materie nennt, d. h. Materie in einem höheren Grad von Schwingung, die sie ätherische Substanz nennen. Die Hermetiker lehren, dass diese ätherische Substanz äußerst dünn und ausdehnbar ist, den ganzen Raum durchdringt und als Medium für die Übertragung von Schwingungsenergie wie Wärme, Licht, Elektrizität, Magnetismus usw. dient. Die Lehren besagen, dass die ätherische Substanz ein Verbindungsglied zwischen den Formen der Schwingungsenergie ist, die einerseits als Materie, andererseits als Energie oder Kraft bekannt ist, und dass sie auf einem eigenen Schwingungsgrad erscheint, sowohl was die Höhe als auch die Art anbetrifft. Zur Erläuterung

haben die Gelehrten das Beispiel eines sehr schnell drehenden Rades, Kreisels oder Zylinders herangezogen, um die Wirkung der immer höher werdenden Schwingungszahl zu zeigen. Dieses Beispiel setzt ein Rad, einen Kreisel oder Zylinder voraus, jeweils mit einer niedrigen Geschwindigkeit laufend. Wir wollen bei der Auswertung dieses Beispiels dieses sich drehende Ding das »Objekt« nennen. Wir wollen annehmen, das Objekt bewege sich langsam. Es kann leicht gesehen werden, aber kein Ton seiner Bewegung erreicht das Ohr. Die Geschwindigkeit wird allmählich erhöht. In wenigen Augenblicken wird seine Geschwindigkeit so schnell, dass ein tiefes Brummen oder ein niedriger Ton gehört werden kann. Bei Erhöhung der Schnelligkeit steigt der Ton um eine Note höher in der Tonleiter. Bei weiterer Beschleunigung kann man den nächsthöheren Ton unterscheiden. So erscheinen nach und nach alle Töne der Tonleiter, immer höher steigend mit wachsender Geschwindigkeit. Schließlich nimmt die Umdrehung eine solche Schnelligkeit an, dass der höchste Ton, den das menschliche Ohr vernehmen kann, erreicht ist und das schrille durchdringende Kreischen erstirbt und Stille folgt. Von dem sich rasend drehenden Objekt hört man keinen Ton, denn der Grad der Bewegung ist so hoch, dass das menschliche Ohr die Schwingungen nicht wahrnehmen kann. Dann bemerkt man das Steigen der Wärmegrade. Nach gewisser Zeit bemerkt das Auge, dass das Objekt eine matt dunkelrote Farbe annimmt. Je mehr die Geschwindigkeit wächst, desto heller wird das Rot, es zerschmilzt zu einem Orange. Dann folgen nacheinander die Farben Grün, Blau, Indigo und schließlich Violett. Dann verschwindet das Violett, alle Farbe schwindet, da sie das menschliche Auge nicht mehr wahrnehmen kann. Aber es gehen unsichtbare Strahlen von dem sich drehenden Objekt aus, Strahlen, wie sie zum Fotografieren verwandt werden, und andere subtile Lichtstrahlen. Dann erscheinen besondere Strahlen, die als Röntgen-

strahlen usw. bekannt sind, denn der Zustand des Objekts ändert sich, Elektrizität und Magnetismus werden ausgesandt, wenn die entsprechende Schwingungshöhe erreicht ist.

Wenn nun das Objekt einen gewissen Schwingungsgrad erreicht hat, lösen sich seine Moleküle in ihre Bestandteile auf und zwar in ihre ursprünglichen Elemente und Atome. Dann zerfallen die Atome, dem Prinzip der Schwingung folgend, in zahllose Korpuskeln, aus denen sie bestehen. Schließlich verschwinden sogar die Elektronen und man kann sagen, dass das Objekt jetzt aus ätherischer Substanz besteht. Die Wissenschaft darf nicht wagen, das Beispiel weiterzuverfolgen, aber die Hermetiker lehren, wenn die Schwingungen weiter erhöht werden, würde sich das Objekt zu den entsprechenden geistigen Zuständen in nacheinander folgenden Erscheinungsstufen erheben, den rein geistigen entgegen, bis es schließlich ins All zurückkehren würde, das reiner Geist ist. Das »Objekt« würde allerdings lange, bevor es den Zustand ätherischer Substanz erreichte, aufgehört haben, ein Objekt zu sein, aber sonst ist das Beispiel richtig, insofern es die Wirkung fortgesetzt erhöhter Schwingungszahl und -art zeigt.

Bei obigem Beispiel darf man nicht vergessen, dass das Objekt auf der Stufe, wo es die Schwingungen von Licht und Wärme usw. abwirft, nicht tatsächlich in diese Energieformen aufgelöst wird (die viel höher in der Skala liegen), sondern dass es nur einen Schwingungsgrad erreicht, bei welchem Energieformen in gewissem Maße frei werden von den bindenden Einflüssen ihrer Moleküle bzw. Atome und Elektronen. Diese Energieformen, obgleich viel höher in der Skala als die Materie, sind eingeschlossen und gebunden in materielle Verbindungen aus dem Grunde, weil die Energien materielle Formen benutzen und darin in Erscheinung treten, so aber verstrickt und gefesselt werden in ihre Schöpfungen materieller For-

men, was zu einem gewissen Grade für alle Schöpfungen wahr ist, insofern die schöpferische Kraft in ihre Schöpfung eingehüllt wird.

Aber die hermetischen Lehren gehen viel weiter als die der modernen Wissenschaft. Sie lehren, dass alle Manifestationen von Gedanken, Erregungen, von Vernunft, Wunsch und Wille, dass also alle geistigen Zustände begleitet sind von Schwingungen, von denen ein Teil abgegeben wird mit der Absicht oder der Neigung, den Geist anderer Personen durch »Induktion« zu beeinflussen. Das ist das Prinzip, das die Erscheinungsformen der Telepathie, der geistigen Beeinflussung und andere Formen geistiger Beeinflussung anderer hervorruft, Dinge, deren Kenntnis immer größere Kreise umfasst, da das okkulte Wissen auf diesem Gebiet durch die verschiedenen Schulen, Kulte und Lehrer heute weitverbreitet wird. Jeder Gedanke, jede Erregung und jeder geistige Zustand haben ihre entsprechende Schwingungszahl und -art. Und durch Willensanstrengung der betreffenden Person oder anderer Personen können die geistigen Zustände wiederholt werden, so wie man einen musikalischen Ton wiederholen kann, indem man ein Instrument in einer bestimmten Höhe schwingen lässt, wie man Farben in derselben Weise reproduzieren kann. Durch Kenntnis des Prinzips der Schwingung, angewandt auf geistige Erscheinungen, kann man seinen Geist auf jeder beliebigen Stufe polarisieren und so vollkommene Kontrolle über seine geistigen Zustände, Stimmungen usw. gewinnen. Auf dieselbe Art und Weise kann man den Geist anderer beeinflussen, indem man in ihnen geistige Zustände hervorruft. Kurz, man kann auf der geistigen Ebene dasselbe hervorrufen, was die Wissenschaft auf der physikalischen Ebene tut, nämlich »Schwingungen nach Belieben«. Diese Kraft kann natürlich nur durch richtige Belehrung, Übungen und Praxis usw. erworben werden, es ist die Wissenschaft der geistigen Verwandlung, einer der Zweige der hermetischen Kunst.

Ein wenig Nachdenken über das Gesagte wird dem Schüler zeigen, dass das Prinzip der Schwingung den Wundern von Kraft zugrunde liegt, die Meister und Adepten offenbart haben, die anscheinend die Gesetze der Natur beiseiteschieben können, die aber in Wirklichkeit ein Gesetz gegen das andere gebrauchen, ein Prinzip gegen das andere und die ihre Erfolge durch Änderung der Schwingungen materieller Gegenstände oder Energieformen erreichen und so das vollbringen, was man gewöhnlich als »Wunder« bezeichnet. Sehr wahr sagte einer der alten hermetischen Schriftsteller:

> *Wer das Prinzip der Schwingung versteht, hat das Zepter der Macht ergriffen.*

10| Polarität

Alles ist zweifach, alles hat zwei Pole, alles hat sein Paar von Gegensätzlichkeiten; gleich und ungleich ist dasselbe; Gegensätze sind identisch in der Natur, nur verschieden im Grad; Extreme berühren sich; alle Wahrheiten sind nur halbe Wahrheiten; alle Widersprüche können miteinander in Einklang gebracht werden.

Kybalion

Das vierte große hermetische Prinzip der Polarität enthält die Wahrheit, dass alle in Erscheinung tretenden Dinge zwei Seiten haben, zwei Aspekte, zwei Pole, ein Paar von Gegensätzen mit unzähligen Graden zwischen den beiden Extremen. Die alten Paradoxe, die von jeher den Menschengeist verwirrt haben, werden durch das Verständnis dieses Prinzips erklärt. Man hat immer etwas erkannt, was diesem Prinzip ähnlich ist, und hat versucht, es durch folgende Worte, Grundsätze und Aphorismen auszudrücken: »Alles ist und ist nicht zu gleicher Zeit, alle Wahrheiten sind nur halbe Wahrheiten, jede Wahrheit ist zur Hälfte falsch, alles hat zwei Seiten, jedes Schild hat eine Rückseite« usw.

Die hermetische Lehre besagt, dass die Verschiedenartigkeit von Dingen, die einander anscheinend diametral entgegengesetzt sind, nur eine Sache des Grades ist. Sie sagt, dass »die Gegensätze miteinander in Einklang gebracht werden können« und dass These und Antithese ihrer Natur nach identisch, nur dem Grad nach verschieden sind und dass im Universum die Aussöhnung von Gegensätzen durch die Erkenntnis dieses Prinzips der Polarität bewirkt wird. Die Lehrer behaupten, dass man Beispiele für dieses Prinzip über-

all finden kann und zwar, indem man die wahre Natur jedes Dinges prüft. Zuerst zeigen sie, dass reiner Geist und Materie nur die beiden Pole ein und derselben Sache sind und die dazwischenliegenden Ebenen lediglich Schwingungsgrade. Sie zeigen, dass das All und die Vielheit dasselbe sind und der Unterschied lediglich eine Sache des Grades der geistigen Erscheinungsform ist. So sind das Gesetz und die Gesetze die beiden gegensätzlichen Pole einer Sache. Gleichfalls das Prinzip und die Prinzipien, unendlicher Geist und endlicher Geist.

Dann gehen sie auf die physikalische Ebene und erläutern das Prinzip, indem sie zeigen, dass Wärme und Kälte der Natur nach identisch und die Unterschiede lediglich eine Sache des Grades sind. Das Thermometer zeigt viele Grade der Temperatur, den niedrigsten nennt man »kalt«, den höchsten »warm«. Zwischen diesen beiden Polen gibt es viele Grade von Hitze und Kälte. Es wäre ebenso richtig, wenn man nur eine der beiden Bezeichnungen wählte. Der Höhere von zwei Graden ist immer »wärmer«, der Niedrigere immer »kälter«. Es gibt keinen absoluten Maßstab – alles ist eine Sache des Grades. Es gibt keine Stelle auf dem Thermometer, wo die Hitze aufhört und die Kälte beginnt. Das ist aber Sache der höheren und niedrigeren Schwingungen. Auch die Bezeichnungen »hoch« und »niedrig«, die wir benutzen müssen, sind nur Pole derselben Sache, die Bezeichnungen sind relativ. So ist es auch mit Ost und West. Wenn man um die Welt in östlicher Richtung reist, erreicht man schließlich einen Punkt, den man am Ausgangspunkt »Westen« nannte, und kehrt von diesem »westlichen« Punkt zurück. Reise weit genug nach Norden und Du wirst Dich nach Süden reisend wiederfinden und umgekehrt.

Licht und Finsternis sind Pole derselben Sache, es gibt viele Grade dazwischen. Ebenso ist es mit der Tonleiter – anfangend mit »C« steigt man aufwärts, bis man wieder ein »C« erreicht usw. Der

Unterschied zwischen den beiden Enden der Skala ist derselbe, aber viele Grade liegen zwischen den beiden Extremen. Mit der Farbenskala ist es dasselbe, höhere und niedrigere Schwingungen sind der einzige Unterschied zwischen hochviolett und tiefrot. So steht es mit Lärm und Ruhe, mit hart und weich, mit stumpf und scharf. Positiv und negativ sind zwei Pole derselben Sache mit unzähligen Graden dazwischen.

Gut und böse sind nicht absolut, wir nennen das eine Ende der Skala gut, das andere schlecht oder das eine gut und das andere böse, wie es der Sprachgebrauch verlangt. Ein Ding ist weniger gut als eines, das höher steht in der Stufenleiter, aber das »weniger gute« Ding seinerseits ist »besser« als das nächste unter ihm usw. Die Anwendung von »mehr« oder »weniger« hängt von der Stellung in der Skala ab.

So ist es auch auf der geistigen Ebene. »Liebe« und »Hass« werden im Allgemeinen als Eigenschaften angesehen, die einander diametral gegenüberstehen, völlig verschieden und unversöhnlich. Wenden wir aber das Prinzip der Polarität an, so stellen wir fest, dass es so etwas wie absolute Liebe und absoluten Hass gar nicht gibt; beide sind lediglich Bezeichnungen, die man für die beiden Pole derselben Sache anwendet. Beginnen wir an irgendeiner Stelle der Skala und wir finden »mehr« Liebe oder »weniger« Hass, je mehr wir aufsteigen, und »mehr« Hass oder »weniger« Liebe, je mehr wir hinabsteigen; dies ist wahr, ganz gleich von welchem Punkt, hoch oder niedrig, wir ausgehen. Es gibt Grade von Liebe und Hass und einen mittleren Punkt, wo Neigung und Abneigung so schwach werden, dass es schwer ist, sie zu unterscheiden. Für Mut und Furcht gilt dieselbe Regel. Das Paar von Gegensätzen ist überall vorhanden. Wo man ein Ding findet, findet man auch seinen Gegensatz, immer zwei Pole.

Diese Tatsache befähigt die Hermetiker, auf der Linie der Pola-

risation einen geistigen Zustand in einen anderen zu verwandeln. Dinge, die verschiedenen Klassen angehören, können nicht ineinander verwandelt werden, sondern nur Dinge derselben Klasse, d.h., ihre Polarisation kann geändert werden. So wird Liebe niemals Ost oder West oder Rot oder Violett, aber sie kann sich oft in Hass verwandeln. Mut in Furcht und umgekehrt, Hartes in Weiches, Stumpfes in Scharfes, Heißes in Kaltes usw. Immer findet die Verwandlung zwischen Dingen derselben Art, aber verschiedenen Grades statt. Man nehme den Fall eines furchtsamen Menschen. Durch Steigerung seiner geistigen Schwingungen auf der Linie »Mut – Furcht« kann er mit dem höchsten Grad von Mut und Furchtlosigkeit erfüllt werden. Ebenso kann sich ein träger Mensch in einen aktiven, energischen verwandeln, lediglich durch Polarisation auf der Linie der gewünschten Eigenschaft.

Der Schüler, der vertraut ist mit der Art, wie die verschiedenen Schulen der Geisteswissenschaft die geistigen Zustände derer verwandeln, die ihren Lehren folgen, wird möglicherweise das Prinzip, das vielen dieser Umwandlungen zugrunde liegt, nicht leicht verstehen. Wenn das Prinzip aber einmal begriffen ist und man gesehen hat, dass geistige Umwandlungen durch Wechsel der Polarität, durch ein Entlanggleiten auf derselben Skala bewirkt werden, dann ist das Verständnis leichter. Die Umwandlung liegt nicht darin, dass ein Ding in ein anderes, völlig verschiedenes verwandelt wird, sondern sie ist nur ein Wechseln des Grades innerhalb ein und desselben Dinges, ein ungeheuer wichtiger Unterschied! Nehmen wir eine Analogie aus der physikalischen Ebene. Es ist z.B. unmöglich, Hitze in Schärfe, Lärm, Höhe usw. zu verwandeln, aber mit Leichtigkeit in Kälte, einfach durch Senkung der Schwingungen. Auf dieselbe Weise kann Liebe und Hass wechselseitig verwandelt werden, ebenso Mut und Furcht. Aber Furcht kann nicht in Liebe oder Mut in Hass transmutiert werden. Die geistigen Zustände gehören

zu unzähligen Klassen und jede dieser Klassen hat ihre gegensätzlichen Pole, innerhalb derer eine Verwandlung möglich ist.

Der Schüler wird leicht erkennen, dass die beiden Pole in den geistigen Zuständen wie auf der physikalischen Ebene als positiv bzw. negativ bezeichnet werden können. So ist Liebe positiv gegenüber Hass, Mut positiv gegenüber Furcht, Tätigkeit positiv gegenüber Untätigkeit usw. Und selbst diejenigen, denen das Prinzip der Schwingung nicht vertraut ist, werden bemerken, dass der positive Pol einem höheren Grade anzugehören scheint als der negative und ihn leicht beherrscht. Die Natur neigt nach der Richtung der vorherrschenden Aktivität des positiven Pols.

Geistige Zustände können durch die Kunst der Polarisation nicht nur bei einem selbst verändert werden, sondern die Erscheinungen geistiger Beeinflussung in ihren verschiedenartigsten Formen zeigen, dass die Anwendung des Prinzips auch auf alle Fälle von Einflüssen eines Geistes auf den andern ausgedehnt werden kann, worüber in früheren Zeiten so viel geschrieben und gelehrt worden ist. Wenn man begriffen hat, dass geistige Induktion möglich ist, d. h., dass geistige Zustände durch »Induktion« seitens anderer herbeigeführt werden können, dann können wir leicht verstehen, wie ein bestimmter Schwingungsgrad oder eine Polarisation eines bestimmten geistigen Zustandes auf eine andere Person übertragen und so deren Polarität in dieser Klasse geistiger Zustände geändert werden kann. Auf diesem Prinzip beruhen die vielen Erfolge geistiger Behandlung, z. B. eine Person ist schwermütig, melancholisch und voller Furcht. Ein Geisteswissenschaftler stellt seinen Geist durch seinen geübten Willen auf die gewünschte Schwingung ein und erreicht so die gewünschte Polarisation für seine eigene Person. Dann bewirkt er durch Induktion einen ähnlichen geistigen Zustand bei dem »Patienten«, wodurch die Schwingungen erhöht werden und die betreffende Person zum positiven statt zum nega-

tiven Ende der Skala hin polarisiert wird; ihre Furcht oder negativen Gefühle werden in Mut oder ähnliche positive Geisteszustände verwandelt. Ein wenig Nachdenken wird zeigen, dass diese geistigen Umwandlungen überall auf der Linie der Polarisation möglich sind, wobei der Wechsel mehr einer des Grades als der Art ist.

Das Wissen um die Existenz dieses großen hermetischen Prinzips wird den Schüler in die Lage versetzen, seine eigenen geistigen Zustände und die anderer zu verstehen. Er wird begreifen, dass alle diese Zustände Sache des Grades sind. Damit kann er die Schwingungen nach Belieben steigern oder senken und so seine geistigen Pole verwandeln und Meister seiner geistigen Zustände sein anstatt ihr Diener und Sklave. Durch dieses Wissen kann er seine Gefährten einsichtsvoll leiten und, wenn es erwünscht ist, durch die angenommenen Methoden die Polarität ändern. Wir raten allen Schülern, sich mit diesem Prinzip der Polarität vertraut zu machen, denn ein volles Verständnis desselben kann viele schwierige Fragen erhellen.

11| Rhythmus

Alles fließt aus und ein, alles hat seine Gezeiten, alle Dinge steigen und fallen, das Schwingen des Pendels zeigt sich in allem; das Maß des Schwunges nach rechts ist das Maß des Schwunges nach links; Rhythmus kompensiert.

Kybalion

Das fünfte große hermetische Prinzip enthält die Wahrheit, dass sich in allem eine abgemessene Bewegung zeigt, ein Hin- und Herbewegen, ein Aus- und Einfließen, ein Vorwärts- und Rückwärtsschwingen, eine Pendelbewegung, eine den Gezeiten gleichende Ebbe und Flut usw. bei allen zwischen zwei Polen liegenden Erscheinungen auf den physikalischen, geistigen und rein geistigen Ebenen. Das Prinzip des Rhythmus ist eng verbunden mit dem der Polarität, das wir im vorhergehenden Kapitel näher beleuchtet haben. Rhythmus zeigt sich zwischen den beiden Polen, die durch das Prinzip der Polarität festgelegt wurden. Das bedeutet nicht, dass das Pendel des Rhythmus bis zu den extremen Polen schwingt, denn das geschieht selten. In der Mehrzahl der Fälle ist es tatsächlich sehr schwer, die äußersten Gegensätze zu erreichen. Aber der Ausschlag geht immer in Richtung erst des einen und dann des anderen Pols.

Stets gibt es eine Aktion und Reaktion, ein »Vor« und »Zurück«, ein Steigen und Fallen in allen Erscheinungsformen des Universums. Sonnen, Welten, Menschen, Tiere, Pflanzen, Mineralien, Kräfte, Energie, Geist und Stoff, ja sogar reiner Geist offenbaren dieses Prinzip. Das Prinzip tut sich kund in der Schöpfung und

Zerstörung von Welten, in Aufstieg und Niedergang von Nationen, in der Lebensgeschichte aller Dinge und schließlich in den geistigen Zuständen des Menschen. Beginnen wir mit den Offenbarungen des reinen Geistes – des Alls –, so werden wir hier ein stetes Ausgießen und Einziehen bemerken, das Aus- und Einatmen Brahmas, wie die Brahmanen es nennen. Universen werden geschaffen, erreichen ihren tiefsten Punkt der Stofflichkeit und beginnen dann ihren Schwung nach oben. Sonnen treten ins Dasein und sobald sie die Höhe ihrer Kraft erreicht haben, beginnt der Prozess des Rückgangs und nach Äonen werden sie zu toten Massen von Materie, warten auf einen neuen Impuls, der ihrer inneren Energie erneute Aktivität verleiht, und ein neuer solarer Lebenszyklus hat begonnen. Und so ist es mit allen Welten, sie werden geboren, wachsen und sterben – nur um wiedergeboren zu werden. So ist es mit allen Dingen, wie auch immer sie gestaltet sein mögen, sie schwingen von Aktion zu Reaktion, von Geburt zum Tode, von Tätigkeit zu Untätigkeit – und wieder zurück. So ist es mit allem Lebenden, es wird geboren, wächst und stirbt und wird wiedergeboren. So ist es mit allen großen Bewegungen, Philosophien, Glaubensbekenntnissen, Moden, Regierungen, Nationen und allem anderen – Geburt, Wachstum, Reife, Niedergang, Tod und Wiedergeburt! Das Schwingen des Pendels ist überall zu sehen. Die Nacht folgt dem Tag, der Tag der Nacht. Das Pendel schwingt von Sommer zu Winter und wieder zurück. Die Korpuskeln, Atome, Moleküle und alle Massen von Energie schwingen rings um den Zirkel ihrer Natur. So etwas wie absolute Ruhe gibt es nicht, auch kein Aufhören der Bewegung, und jede Bewegung hat Teil am Rhythmus. Das Prinzip findet überall im Universum seine Anwendung. Es kann auf jede Frage oder jeden Vorgang auf jeder der vielen Lebensebenen angewandt werden, auch auf allen Ebenen menschlicher Tätigkeit. Stets ist der rhythmische Schwung von einem Pol zum anderen,

stets ist das universale Pendel im Gange. Die Gezeiten des Lebens fließen ein und aus, dem Gesetz gemäß.

Die moderne Wissenschaft hat das Prinzip des Rhythmus gut verstanden und betrachtet es als ein allgemeines Gesetz, das auf materielle Dinge anzuwenden sei. Aber die Hermetiker geben diesem Gesetz einen viel größeren Wirkungsbereich. Sie wissen, dass sich seine Offenbarungen und Einflüsse bis zu den geistigen Tätigkeitsebenen des Menschen ausdehnen und dass die verwirrende Folge von Stimmungen, Gefühlen und anderen störenden und verworrenen Empfindungen, die wir in uns feststellen, ihm zuzuschreiben ist. Die Hermetiker jedoch haben nach dem Studium der Wirksamkeit dieses Prinzips gelernt, durch Transmutation einigen seiner Auswirkungen zu entgehen.

Die hermetischen Meister haben schon seit Langem entdeckt, dass sich das Gesetz des Rhythmus, obwohl es zwar stets und unabänderlich in geistigen Vorgängen in Erscheinung tritt, hierbei jedoch auf zwei verschiedenen geistigen Ebenen äußern kann. Sie entdeckten, dass es zwei hauptsächliche Bewusstseinsebenen gibt, die niedrigere und die höhere. Das Verständnis dieser Tatsache befähigt sie, sich zu der höheren Ebene zu erheben, um dem Pendelschlag des Rhythmus auf der niedrigeren zu entgehen. Mit anderen Worten: Der Pendelschwung fand auf der unbewussten Ebene statt und das Bewusstsein wurde davon nicht berührt. Sie nennen dies das Gesetz der Neutralisation. Seine Wirksamkeit beruht auf der Erhebung des »Ich« über die Schwingungen der unbewussten Ebene der geistigen Tätigkeit, sodass der negative Pendelschwung im Bewusstsein nicht in Erscheinung tritt. Darum bleiben sie davon unberührt. Es ist ebenso, als ob man sich über einen Gegenstand erhebt und ihn unter sich vorbeigehen lässt. Der hermetische Meister oder fortgeschrittene Schüler polarisiert sich selbst an dem gewünschten Pol. In dieser polarisierten Stellung bleibt er fest stehen, indem er sich

gleichsam »weigert«, den Rückwärtsschwung mitzumachen, oder, wenn man diesen Vergleich vorzieht, indem er dessen Einfluss auf sich »verneint« und das geistige Pendel auf der unbewussten Ebene zurückschwingen lässt. Alle Persönlichkeiten, die etwas Selbstbeherrschung erlangt haben, tun dies mehr oder weniger, ohne es zu wissen, und wenden das Gesetz der Neutralisation an, indem sie ihren Stimmungen und negativen geistigen Zuständen nicht erlauben, sie zu beeinflussen. Der Meister jedoch bringt dies zu einem viel höheren Grad der Vollkommenheit und erreicht durch seinen Willen ein Maß von Gleichgewicht und geistiger Festigkeit, das von denen fast für unmöglich gehalten wird, die von dem geistigen Pendel der Stimmungen und Gefühle willenlos hin- und hergeschleudert werden.

Die Bedeutung dieser Tatsache wird jeder denkende Mensch anerkennen, wenn er sich darüber klar wird, wie abhängig die meisten Menschen von ihren Stimmungen, Gefühlen und Empfindungen sind und wie wenig Selbstbeherrschung sie zeigen. Überlegt einmal einen Augenblick und Ihr werdet Euch erinnern, wie viel Schwingungen des Rhythmus Euch in Eurem Leben beeinflusst haben, wie auf eine Periode des Enthusiasmus unweigerlich eine entgegengesetzte Empfindung oder Stimmung der Niedergeschlagenheit gefolgt ist. So sind auf Stimmungen und Perioden des Mutes die Gefühle der Furcht gefolgt. So ging es den meisten Menschen, mit den Gezeiten des Gefühles sind sie gestiegen und gesunken, aber niemals haben sie die Ursache oder den Grund für diese geistigen Erscheinungen erahnt. Das Verständnis der Arbeitsweise dieses Prinzips gibt einem den Schlüssel zur Beherrschung dieser rhythmischen Gefühlsschwingungen, befähigt zu größerer Selbsterkenntnis, sodass man von dieser Ebbe und Flut nicht mehr hin- und hergetragen wird. Der Wille ist den bewussten Offenbarungen dieses Prinzips überlegen, wenn auch das Prinzip selbst niemals zer-

stört werden kann. Wir können uns seinen Wirkungen entziehen, aber es ist trotzdem in Tätigkeit. Das Pendel schwingt immer, auch wenn wir es vermeiden können, mit ihm davongetragen zu werden.

Aber das Prinzip des Rhythmus hat noch andere Züge, von denen wir an dieser Stelle sprechen wollen: und zwar von den Einwirkungen dessen, was als Gesetz der Kompensation bekannt ist. Eine der Erklärungen und Bedeutungen des Wortes »kompensieren« ist »das Gegengewicht halten« und in diesem Sinne benutzen die Hermetiker diesen Ausdruck. Auf dieses Gesetz der Kompensation bezieht sich das *Kybalion,* wenn es sagt: »Das Maß des Schwunges nach rechts ist das Maß des Schwunges nach links. Rhythmus kompensiert.«

Das Gesetz der Kompensation besagt, dass das Schwingen in eine Richtung das Schwingen nach der entgegengesetzten Richtung bestimmt. Das eine hält das andere im Gleichgewicht oder Gegengewicht. Wir sehen auf der physikalischen Ebene viele Beispiele für dieses Gesetz. Das Pendel der Uhr schwingt ein bestimmtes Stück nach rechts und dann ein gleiches Stück nach links. Die Jahreszeiten halten sich in derselben Weise im Gleichgewicht. Die Gezeiten folgen demselben Gesetz. Dieses Gesetz zeigt sich in allen Erscheinungsformen des Rhythmus. Das Pendel, das nur kurz in eine Richtung schwingt, schwingt auch nur kurz nach der anderen, während ein langes Schwingen nach rechts unabänderlich ein ebenso langes Schwingen nach links bedeutet. Ein in die Höhe geschleuderter Gegenstand hat auf seinem Rückweg die gleiche Entfernung zurückzulegen. Die Kraft, mit der ein Geschoss tausend Meter hoch geschleudert wird, wird beim Fallen wieder erzeugt, wenn dasselbe zur Erde zurückkehrt. Dieses Gesetz ist konstant auf der physikalischen Ebene, wie alle namhaften Fachgelehrten bestätigen können. Aber die Hermetiker geben sich damit nicht zufrieden. Sie lehren, dass die geistigen Zustände des Menschen demsel-

ben Gesetz unterworfen sind. Ein Mensch, der einer großen Freude fähig ist, ist auch großen Leiden unterworfen, während sich derjenige, der wenig Schmerz empfindet, auch nur in geringem Maße freuen kann. Das Schwein leidet seelisch nur wenig, empfindet aber auch nur wenig Freude, darin liegt der Ausgleich. Andererseits gibt es Tiere, die großer Freude fähig sind, deren Nervensystem und Temperament sie aber auch in besonderem Maße Schmerz empfinden lässt. So ist es auch bei den Menschen. Es gibt Temperamente, die sich nur wenig freuen können und ebenso wenig Schmerz empfinden, während andere von höchster Freude, aber auch von tiefstem Schmerz erfüllt sein können. Es ist die Regel, dass sich in jedem Geschöpf die Fähigkeiten zu Freude und Schmerz im Gleichgewicht befinden. Das Gesetz der Kompensation ist hier in voller Wirksamkeit. Aber die Hermetiker gehen in dieser Beziehung noch weiter. Sie lehren, bevor jemand in der Lage sei, ein bestimmtes Maß von Freude zu empfinden, müsse er entsprechend weit zum anderen Pol der Empfindung hingeschwungen sein. Jedenfalls behaupten sie, dass das Negative hierbei dem Positiven voranginge, d. h., wenn jemand ein bestimmtes Maß von Freude erlebte, folge nun nicht daraus, dass er mit einem entsprechenden Maß von Schmerz dafür zu zahlen habe.

Im Gegenteil, die Freude ist nach dem Gesetz der Kompensation der rhythmische Schwung für ein entweder im gegenwärtigen Leben oder in einer früheren Inkarnation erlittenes Maß von Schmerz. Dies wirft ein neues Licht auf das Problem des Schmerzes.

Die Hermetiker sehen die Kette des Lebens als kontinuierlich an, als einen Teil eines einzigen Lebens eines Individuums, sodass infolgedessen das rhythmische Schwingen auch in obiger Weise verstanden werden kann, während es ohne Voraussetzung der Inkarnation sinnlos wäre. Die Hermetiker behaupten aber, dass der Meis-

ter oder fortgeschrittene Schüler bis zu einem großen Maß dem Schwingen dem Schmerz entgegen durch den oben erwähnten Vorgang der Neutralisation entgehen kann. Indem man sich auf eine höhere Ebene des Ichs erhebt, kann man sich vielen Erfahrungen der auf einer niedrigeren Ebene Wohnenden entziehen. Das Gesetz der Kompensation spielt eine bedeutende Rolle im Leben der Menschen. Im allgemeinen muss man für alles, was man hat oder was einem fehlt, »den Preis bezahlen«. Wenn man eine Sache besitzt, fehlt einem die andere – das Gleichgewicht ist hergestellt. Niemand kann das Stückchen Kuchen kaufen und zu gleicher Zeit sein Geld behalten. Jedes Ding hat seine erfreulichen und unerfreulichen Seiten. Die Dinge, die man gewinnt, werden immer mit denen bezahlt, die man verliert. Der Reiche besitzt viel, was dem Armen fehlt, während der Arme oft Dinge besitzt, die dem Reichen nicht erreichbar sind. Dem Millionär, der üppiges Essen liebt und sich die auserlesensten Freuden der Tafel leisten kann, fehlt vielleicht der Appetit, sie zu genießen; er beneidet den Arbeiter, der nicht den Reichtum und die Neigungen des Millionärs besitzt, um seinen gesunden Appetit, weil er seine einfache Nahrung mehr genießt, als es der Millionär jemals könnte, selbst wenn sein Appetit nicht übersättigt und seine Verdauung nicht verdorben wäre, denn die Wünsche, Gewohnheiten und Neigungen weichen voneinander ab. So geht es das ganze Leben hindurch. Das Gesetz der Kompensation ist immer am Werke, bemüht, Gleichgewicht und Gegengewicht zu halten, was schließlich immer gelingt, selbst wenn mehrere Leben für das Zurückschwingen des Pendels des Rhythmus benötigt werden.

12| Ursache und Wirkung

Jede Ursache hat ihre Wirkung; jede Wirkung ihre Ursache; alles geschieht gesetzmäßig, Zufall ist nur der Name für ein unbekanntes Gesetz. Es gibt viele Ebenen der Ursächlichkeit, aber nichts entgeht dem Gesetz.

Kybalion

Das sechste große hermetische Prinzip, das von Ursache und Wirkung, enthält die Wahrheit, dass das Universum von Gesetzmäßigkeit erfüllt ist, dass nichts durch Zufall geschieht, dass Zufall nur der Ausdruck für eine zwar vorhandene, aber nicht erkannte Ursache ist. Diese Erscheinung wirkt jedoch unaufhörlich, ohne Unterbrechung, ohne Ausnahme.

Das Prinzip von Ursache und Wirkung liegt allem wissenschaftlichen Denken sowohl des Altertums als auch der Neuzeit zugrunde. Es wurde von den Hermetikern bereits in frühester Zeit verkündet. Seitdem haben viele Schulen des Denkens über die verschiedensten Fragen gestritten, aber diese Streitigkeiten haben sich hauptsächlich auf Einzelheiten hinsichtlich der Wirksamkeit des Prinzips bezogen, noch öfter auf die Bedeutung einzelner Worte. Das grundlegende Prinzip von Ursache und Wirkung ist von fast allen nennenswerten Denkern der Welt als richtig angenommen worden. Wenn man anders dächte, so hieße das, die Erscheinungen des Universums von Gesetz und Ordnung auszuschließen und es der Kontrolle des imaginären Etwas auszuliefern, das die Menschen »Zufall« nennen.

Ein wenig Nachdenken wird jeden davon überzeugen, dass es so etwas wie reinen Zufall in Wirklichkeit nicht gibt. Webster defi-

niert das Wort »Zufall« folgendermaßen: eine angenommene wirkende Macht oder Art Aktivität, anders als Kraft, Gesetz oder Absicht; die Tätigkeit oder Aktivität eines solchen Agens, ein sich Zutragen, eine Zufälligkeit, ein gelegentliches Ereignis usw. Aber ein wenig Nachdenken wird Euch zeigen, dass es ein solches Agens wie »Zufall« im Sinne von etwas außerhalb des Gesetzes von Ursache und Wirkung Liegendem nicht geben kann. Wie könnte es etwas geben, was unabhängig von den Gesetzen der Ordnung und ihrem Zusammenhang in der Welt der Erscheinungen wirksam wäre? So etwas würde völlig unabhängig vom gewöhnlichen Lauf des Universums und ihm darum überlegen sein. Wir können uns außerhalb vom All nichts vorstellen, was außerhalb des Gesetzes steht, schon allein weil das All das Gesetz in sich selbst ist. Im Universum ist kein Platz für etwas, was außerhalb des Gesetzes und von ihm unabhängig ist. Die Existenz eines solchen Etwas würde alle Naturgesetze unwirksam machen und das Universum in chaotische Unordnung und Gesetzlosigkeit werfen.

Eine sorgfältige Prüfung wird ergeben, dass das, was wir Zufall nennen, lediglich eine Bezeichnung ist, die auf dunkle Ursachen hinweist, auf Ursachen, die wir nicht feststellen können. Das Wort »Zufall« ist entstanden aus dem Zeitwort »fallen« (wie das Fallen eines Würfels) und die Idee ist dabei, dass das Fallen des Würfels (und viele andere Geschehnisse) nur »Geschehnisse« ohne jede Verbindung zu irgendeiner Ursache sind. In diesem Sinne wird der Ausdruck im Allgemeinen gebraucht. Aber wenn man die Sache genau prüft, sieht man, dass beim Fallen des Würfels gar kein Zufall im Spiel ist. Jedes Mal, wenn ein Würfel fällt und eine gewisse Zahl zeigt, gehorcht er einem Gesetz, das ebenso unfehlbar ist wie das, welches die Bewegung der Planeten und der Sonne beherrscht. Hinter dem Fall des Würfels liegen Ursachen oder Ketten von Ursachen weiter zurück, als der Verstand folgen kann: Die Lage des Würfels

im Becher, der Aufwand von Muskelkraft beim Wurf, die Stellung des Tisches usw. sind alles Ursachen, deren Wirkung man feststellen kann. Aber hinter diesen festgestellten Ursachen gibt es Ketten von vorhergehenden unbekannten Ursachen, die alle einen Einfluss hatten auf die Zahl des Würfels, die nach oben fiel.

Wenn ein Würfel sehr oft geworfen wird, kann man feststellen, dass die geworfenen Zahlen ungefähr gleich sein werden, d. h., es wird eine gleiche Anzahl von Einsern, Zweiern usw. herauskommen. Wirf ein Goldstück in die Luft, dann kann entweder »Kopf« oder »Wappen« geworfen werden, aber bei einer genügenden Anzahl von Würfen werden »Kopf« und »Wappen« sich gleichstellen. Das ist das Gesetz des Durchschnitts. Aber der Durchschnitt und der Einzelwurf stehen unter dem Gesetz von Ursache und Wirkung und wenn wir die vorhergehenden Ursachen prüfen könnten, würde man klar sehen, dass es einfach unmöglich für den Würfel war, unter diesen Umständen und in dieser Zeit anders zu fallen. Gleiche Ursachen – gleiche Resultate. Für jedes Ereignis gibt es eine Ursache. Nichts geschieht ohne Ursache, vielmehr ohne eine Kette von Ursachen.

Bei der Betrachtung dieses Prinzips hat die Tatsache, dass man sich nicht erklären konnte, wie ein Ding die Ursache, der »Schöpfer« anderer sein könnte, die Gemüter in Verwirrung gebracht. Tatsächlich »erschafft« kein Ding jemals ein anderes Ding. Bei Ursache und Wirkung handelt es sich stets um Geschehnisse. Ein »Geschehnis« ist etwas, das »kommt«, sich zuträgt, sich ereignet als Resultat oder Folge eines vorhergehenden Geschehnisses. Kein Geschehnis »erschafft« ein anderes Geschehnis, sondern es ist nur ein vorhergehendes Glied in der großen Kette der unzähligen Geschehnisse, die der schöpferischen Energie des Alls entfließen.

Zwischen allen vorhergehenden und immer weiter folgenden Geschehnissen besteht ein ununterbrochener Zusammenhang. Es

besteht eine Beziehung zwischen dem Vorangegangenen und allem, was folgt. Ein Stein löst sich von einer Bergwand und durchbricht das Dach eines Landhauses im Tal darunter. Im ersten Augenblick halten wir dies für einen Zufall, aber wenn wir die Sache prüfen, finden wir dahinter die große Kette von Ursachen. Erst war es der Regen, der die Erde aufweichte, die den Stein trug, und der so den Fall ermöglichte. Dahinter war es der Einfluss der Sonne, früherer Regen usw., der allmählich das Stück von einem größeren Felsen ablöste, dann gab es Ursachen, die zu der Bildung des Berges führten und seiner Aufrichtung durch die Konvulsionen der Natur und so fort bis zur Unendlichkeit. Dann könnten wir die Ursachen des Regens zurückverfolgen. Dann könnten wir die Existenz des Daches betrachten. Kurz, wir könnten uns bald in ein Netz von Ursache und Wirkung verstrickt finden, aus dem wir uns bald zu lösen versuchen würden. Genau so wie der Mensch zwei Eltern hat und vier Großeltern und sechzehn Urgroßeltern usw. – bis, sagen wir, vierzig Generationen ausgerechnet wären, läuft die Zahl der Vorfahren auf viele Millionen an – so ist es mit der Anzahl der Ursachen selbst hinter dem unbedeutenden Ereignis oder einer solchen Erscheinung wie dem Vorbeifliegen eines winzigen Stäubchens Ruß vor Deinem Auge.

Es ist nicht leicht, das bisschen Ruß bis zu der früheren Periode der Weltgeschichte zurückzuverfolgen, als es noch einen Teil eines massiven Baumstammes bildete, der sich später in Kohle verwandelte usw., bis es jetzt als Rußstäubchen vor Deinem Blick vorüberschwebt, anderen Abenteuern entgegen. Eine mächtige Kette von Geschehnissen, Ursachen und Wirkungen brachte es in seinen augenblicklichen Zustand und letzterer ist nur einer aus der Kette der Geschehnisse, die andere Geschehnisse in Hunderten von Jahren herbeiführen wird. Eine der Serien der Geschehnisse, die von dem bisschen Ruß herrührten, war das Schreiben dieser Zeilen, die

den Schriftsetzer veranlassten, eine gewisse Arbeit zu verrichten, ebenso den Korrekturleser, und die gewisse Gedanken bei Euch und anderen erstehen lassen und so weiter, immer weiter über die Denkfähigkeit des Menschen hinaus – und alles nur wegen des Vorbeifliegens eines Rußstäubchens. Das alles zeigt die Relativität und die Verbindung der Dinge sowie die Tatsache: »Es gibt nichts Großes, nichts Geringes beim Schöpfer all und jeden Dinges.«

Denke einmal einen Augenblick nach. Wenn in einer weit zurückliegenden dunklen Periode des Steinzeitalters ein bestimmter Mann nicht ein bestimmtes Mädchen getroffen hätte, würdest Du, der Du diese Zeilen liest, jetzt nicht hier sein. Und wenn sich dieses Paar nicht getroffen hätte, würden wir, die wir diese Zeilen schreiben, vielleicht jetzt auch nicht hier sein. Und gerade der Akt des Schreibens von unserer Seite und der Akt des Lesens von der Euren wird entsprechend nicht nur Euer und unser Leben berühren, sondern sie werden auch direkt oder indirekt einen Einfluss auf viele andere Leute haben, die jetzt leben oder die in künftigen Zeiten leben werden. Jeder Gedanke, den wir denken, jede Handlung, die wir vollbringen, haben ihre direkten und indirekten Wirkungen, die in die große Kette von Ursache und Wirkung hineinpassen.

Aus verschiedenen Gründen wünschen wir nicht in eine Betrachtung über »freien Willen« oder »Bestimmung« in diesem Werk einzugehen. Der Wichtigste unter den vielen Gründen ist der, dass keine der beiden Seiten der Kontroverse völlig im Recht ist – tatsächlich haben beide Seiten teilweise recht, den hermetischen Lehren gemäß. Das Prinzip der Polarität zeigt, dass beides nur halbe Wahrheiten sind, die entgegengesetzten Pole der Wahrheit. Die Lehren besagen, dass ein Mensch frei sein kann und gebunden durch die Notwendigkeit, das hängt ganz von dem Sinn der Ausdrücke ab und von der Höhe der Wahrheit, von der aus die Frage geprüft wird. Die Schriftsteller des Altertums drücken das fol-

gendermaßen aus: »Je mehr die Schöpfung vom Mittelpunkt entfernt ist, umso gebundener ist sie, je näher sie dem Mittelpunkt ist, desto näher ist sie der Freiheit.« Die Mehrzahl der Menschen ist mehr oder weniger Sklave ihrer Abstammung, Umgebung usw. und besitzt sehr wenig Freiheit. Diese Menschen werden beherrscht durch die Meinung, die Gewohnheiten und Gedanken der äußeren Welt, ebenso wie durch ihre Erregungen, Gefühle, Stimmungen usw. Sie zeigen keine nennenswerte Meisterschaft. Entrüstet weisen sie diese Behauptung zurück, wenn sie sagen: »Natürlich bin ich frei zu handeln und zu tun, was mir gefällt. Ich tue nur, was ich will.« Aber sie erklären nicht, wo das »was ich will« und »was mir gefällt« entspringt. Was lässt sie eine Sache bevorzugt gegenüber einer anderen »wollen«, was bewirkt, dass ihnen dies und jenes nicht »gefällt«? Gibt es keinen Grund für ihr »Wollen« oder »Gefallen«? Der Meister kann dieses Belieben oder Wünschen in ein anderes am entgegengesetzten Ende des geistigen Pols verwandeln. Er kann »das Wollen wollen«, anstatt nur zu wollen, weil irgendein Gefühl, eine Stimmung, Erregung oder der Einfluss seiner Umgebung die Neigung oder den Wunsch dazu in ihm erzeugen.

Die Mehrzahl der Menschen wird dahingetragen wie der fallende Stein und gehorcht ihrer Umgebung, äußeren Einflüssen und inneren Stimmungen, Wünschen usw., ganz zu schweigen von dem Wunsch und Willen anderer, die stärker sind als sie wie Abstammung, Umgebung, Beeinflussungen, die sie dahintragen, ohne dass sie Widerstand leisten oder ihren Willen in Anspruch nehmen. Sie werden wie Figuren auf dem Schachbrett des Lebens hin- und hergerückt, spielen ihre Rolle und werden beiseitegelegt, wenn das Spiel vorbei ist. Aber die Meister, die die Spielregeln kennen, erheben sich über die Ebene des materiellen Lebens und indem sie sich mit den höheren Kräften ihrer Natur in Verbindung setzen, beherrschen sie ihre Stimmungen, ihren Charakter, ihre Eigenschaften

und Polarität ebenso wie ihre Umgebung und werden so Spieler anstatt Figuren – Ursache statt Wirkung. Die Meister entgehen nicht der Ursächlichkeit auf höheren Ebenen, aber sie bringen sich mit den höheren Gesetzen in Übereinstimmung und meistern so die Verhältnisse auf der niedrigeren Ebene. So bilden sie bewusst einen Teil des Gesetzes, statt lediglich blindes Werkzeug zu sein. Während sie auf den höheren Ebenen dienen, herrschen sie auf den materiellen.

Aber sowohl auf der höheren als auch auf der niedrigeren Ebene, überall ist das Gesetz in Tätigkeit. So etwas wie Zufall gibt es nicht. Die blinde Göttin ist durch die Vernunft abgeschafft worden. Mit erkenntnisklaren Augen sehen wir jetzt, dass alles durch das universale Gesetz beherrscht wird, dass die unendliche Zahl von Gesetzen nur Offenbarungen des einen großen Gesetzes sind – des Gesetzes, das das All ist. Es ist wahrhaftig wahr, dass kein Sperling unbeachtet vom Geiste des Alls herniederfällt – sogar die Haare auf unserm Haupte sind gezählt, wie es in den Schriften steht. Es gibt nichts außerhalb des Gesetzes, nichts, was im Gegensatz zu ihm geschieht. Und doch macht niemals den Fehler anzunehmen, dass der Mensch ein blinder Automat sei – weit gefehlt! Die hermetischen Lehren besagen, dass der Mensch das Gesetz benutzen kann, um Gesetze zu überwinden, und dass der höhere Wille stets über den niedrigeren die Oberhand gewinnt, bis er endlich die Stufe erreicht hat, wo er im Gesetz selbst eine Zuflucht sucht und die Gesetze der Erscheinungswelt verächtlich verlacht. Kannst Du den tieferen Sinn hiervon erkennen?

13 | Geschlecht

Geschlecht ist in allem, alles hat männliche und weibliche Prinzipien, Geschlecht offenbart sich auf allen Ebenen.

Kybalion

Das siebente große hermetische Prinzip, das Prinzip des Geschlechts, enthält die Wahrheit, dass sich Geschlecht in allem offenbart, dass das männliche und weibliche Prinzip in allen Ebenen der Erscheinungen immer gegenwärtig und aktiv ist, in allem und auf jeder Lebensebene. An diesem Punkt halten wir es für gut, Eure Aufmerksamkeit auf die Tatsache zu lenken, dass Geschlecht im hermetischen Sinne und Geschlechtlichkeit (sexus) im gewöhnlichen Sprachgebrauch nicht dasselbe sind.

Das lateinische Wort »genere« (davon »genus« = Geschlecht) heißt so viel wie »zeugen, erzeugen, erschaffen, hervorbringen«. Ein Augenblick Überlegung wird Euch zeigen, dass das Wort Geschlecht einen viel umfassenderen und allgemeineren Sinn hat als die Bezeichnung Geschlechtlichkeit, die auf den körperlichen Unterschied zwischen männlichen und weiblichen Lebewesen hinweist. Geschlechtlichkeit ist lediglich eine Erscheinungsform des Geschlechts auf einer gewissen Unterebene der großen physikalischen Ebene – der Ebene des organischen Lebens. Wir wünschen Euch diese Unterscheidung zu verinnerlichen, denn gewisse Schriftsteller, die eine oberflächliche Kenntnis der hermetischen Philosophie erlangt haben, haben versucht, dieses siebente hermetische Prinzip mit wilden, fantastischen und oft tadelnswerten Theorien und Lehren, die Geschlechtlichkeit betreffend, zu identifizieren.

Das Amt des Geschlechts ist allein das des Erschaffens, Hervor-

bringens, Zeugens usw. und seine Offenbarungen sind auf jeder Erscheinungsebene sichtbar. Es ist nicht ganz leicht, hierfür wissenschaftliche Beweise zu erbringen, weil die Wissenschaft die universale Anwendung dieses Prinzips noch nicht erkannt hat. Doch einige Beweise kommen aus wissenschaftlichen Quellen. Erstens finden wir eine klare Offenbarung des Prinzips des Geschlechts unter den Korpuskeln, Ionen und Elektronen, welche den Grundstock der Materie bilden, so wie sie die Wissenschaft jetzt kennt, und welche durch gewisse Kombinationen das Atom bilden, das man bis vor Kurzem noch als letzte unteilbare Einheit betrachtet hat.

Nach dem letzten Wort der Wissenschaft ist das Atom aus einer Menge von Korpuskeln, Elektronen oder Ionen zusammengesetzt (die verschiedenen Bezeichnungen werden von verschiedenen Autoritäten angewandt), welche umeinander kreisen und mit hoher Frequenz und großer Intensität schwingen. Es wurde aber die begleitende Feststellung gemacht, dass die Bildung eines Atoms tatsächlich der Anhäufung von negativen Korpuskeln um ein positives zuzuschreiben ist. Die positiven Korpuskeln scheinen einen gewissen Einfluss auf die negativen auszuüben und sie zu zwingen, gewisse Kombinationen einzugehen und so ein Atom zu erschaffen oder zu erzeugen. Dies entspricht den ältesten hermetischen Lehren, die stets das männliche Geschlechtsprinzip mit dem »positiven«, das weibliche mit dem »negativen« Pol der sogenannten Elektrizität identifiziert haben.

Hier ein Wort über diese Identifikation. In der öffentlichen Meinung hat sich eine völlig irrige Auffassung über die Eigenschaften des sogenannten negativen Pols elektrischer oder magnetischer Materie gebildet. Die Ausdrücke »positiv« und »negativ« sind von der Wissenschaft sehr falsch auf diese Erscheinung angewandt worden. Das Wort »positiv« bedeutet hier etwas Reales, Starkes

im Vergleich zu einer negativen Unwirklichkeit oder Schwäche. Nichts ist weiter von den wirklichen Tatsachen elektrischer Erscheinungen entfernt. Der sogenannte negative Pol einer Batterie ist in Wirklichkeit der Pol, in welchem und durch welchen sich die Zeugung oder Erzeugung neuer Formen und Energien offenbart. Da ist nichts Negatives an ihm. Die ersten wissenschaftlichen Autoritäten benutzen jetzt das Wort »Kathode« anstelle von »negativ«. Dieses Wort kommt aus einer griechischen Wurzel im Sinne von Abstammung, Weg der Zeugung usw. Vom Kathoden-Pol steigt der Schwarm der Elektronen oder Korpuskeln auf, von demselben Pol gehen diese wunderbaren Strahlen aus, die während der letzten Jahrzehnte die wissenschaftlichen Begriffe umgestürzt haben. Der Kathoden-Pol ist die Mutter von all den seltsamen Erscheinungen, die die alten Lehrbücher unbrauchbar gemacht haben und die die Ursache waren, dass so viele lang angenommene Theorien zum alten Eisen wissenschaftlicher Spekulation geworfen werden mussten. Die Kathode oder der negative Pol ist das mütterliche Prinzip der elektrischen Erscheinungen, er besteht aus den feinsten stofflichen Formen, die bisher der Wissenschaft bekannt wurden. So sind wir, wie Ihr seht, berechtigt, die Verwendung der Bezeichnung »negativ« bei der Nennung dieser Gegebenheiten abzulehnen und darauf zu bestehen, sie durch das Wort »weiblich« zu ersetzen. Die diesbezüglichen Tatsachen unterstützen uns darin, ohne dass dabei die hermetischen Lehren in Betracht gezogen werden müssten. Darum werden wir das Wort »weiblich« statt »negativ« benutzen, wenn wir über diesen Pol der Aktivität sprechen.

Die letzten wissenschaftlichen Lehren gehen dahin, dass die schöpferischen Korpuskeln oder Elektronen weiblich sind (die Wissenschaft sagt, sie bestehen aus negativer Elektrizität, wir sagen: sie bestehen aus weiblicher Energie). Ein weibliches Korpuskel wird abgeteilt oder vielmehr verlässt ein männliches Korpuskel und

beginnt eine neue Laufbahn. In Wirklichkeit sucht es eine Verbindung mit einem männlichen Korpuskel, wenn es durch den natürlichen Impuls getrieben wird, neue Formen von Materie oder Energie zu schaffen. Ein Schriftsteller geht so weit, den Ausdruck zu benutzen »es sucht sogleich aus eigenem Entschluss eine Verbindung« usw. Diese Loslösung und Vereinigung bilden die Grundlage des größten Teils der Aktivität der chemischen Welt. Wenn sich das weibliche Korpuskel mit dem männlichen vereinigt, beginnt damit ein bestimmter Prozess. Die weiblichen Teilchen schwingen rasend unter dem Einfluss der männlichen Energie und kreisen um diese mit ungeheurer Schnelligkeit. Das Resultat ist die Geburt eines neuen Atoms. Dieses neue Atom ist wirklich aus einer Vereinigung von männlichen und weiblichen Elektronen oder Korpuskeln entstanden, doch wenn die Verbindung gebildet ist, ist das Atom ein besonderes Ding, das gewisse Eigenschaften besitzt, aber nicht mehr die Eigenschaften freier Elektrizität zeigt. Der Prozess der Loslösung oder Abtrennung des weiblichen Elektrons gleicht der »Ionisation«. Diese Elektronen oder Korpuskeln sind die aktiven Arbeiter in der Natur. Aus ihren Verbindungen und Kombinationen entstehen die verschiedenartigsten Erscheinungen wie Licht, Wärme, Elektrizität, Magnetismus, Anziehung, Abstoßung, chemische Affinität und ihr Gegenteil und ähnliche Erscheinungen. Und alles dies entsteht aus der Wirksamkeit des Prinzips des Geschlechts auf der Ebene der Energie.

Es scheint die Rolle des männlichen Prinzips zu sein, eine bestimmte ihm innewohnende Energie auf das weibliche Prinzip zu richten und so die schöpferischen Prozesse in Gang zu setzen. Aber das weibliche Prinzip ist das, welches die tatsächliche schöpferische Arbeit leistet, und dies auf allen Ebenen. Und doch, jedes Prinzip ist unfähig zur wirksamen Energie ohne die Unterstützung des anderen. In einigen Lebensformen sind die zwei Prinzipien in

einem Organismus verbunden. Deshalb enthält alles in der organischen Welt beide Geschlechter, immer ist das männliche in der weiblichen Form und das weibliche in der männlichen Form vorhanden. Die hermetischen Lehren enthalten viel über die Wirksamkeit der zwei Geschlechtsprinzipien bei der Erschaffung und dem Auftreten verschiedener Energieformen usw., aber wir halten es nicht für vorteilhaft, hier auf Einzelheiten einzugehen, weil wir nicht in der Lage sind, sie mit wissenschaftlichen Beweisen zu belegen, denn die Wissenschaft ist so weit noch nicht vorgeschritten. Aber die Beschreibung, die wir Euch über die Erscheinungsformen der Elektronen und Korpuskeln gegeben haben, zeigt auch, dass sich die Wissenschaft auf dem richtigen Wege befindet, und sie wird Euch auch eine allgemeine Idee von dem zugrunde liegenden Prinzip geben.

Einige führende wissenschaftliche Forscher haben ihre Annahme bekannt gegeben, dass man bei der Bildung von Kristallen etwas feststellen kann, das einer »Geschlechtstätigkeit« entspricht; ein neuer Hinweis, in welcher Richtung in der Wissenschaft heute der Wind weht. Und jedes Jahr wird andere Tatsachen bringen, die die Richtigkeit des hermetischen Geschlechtsprinzips bestätigen. Man wird finden, dass Geschlecht in dauernder Wirksamkeit auf dem Gebiet der anorganischen Materie ebenso wie auf dem der Energie und Kraft auftritt. Elektrizität wird jetzt allgemein als das »Etwas« betrachtet, in das sich alle anderen Formen der Energie zu verschmelzen oder aufzulösen scheinen. Die »elektrische Theorie über das Universum« ist die letzte wissenschaftliche Lehre; sie gewinnt rapid an Volkstümlichkeit und allgemeiner Anerkennung. Daraus folgt, dass wenn wir in den Erscheinungen der Elektrizität – sogar an der Wurzel und Quelle ihres Auftretens – einen klaren und unmissverständlichen Beweis von der Gegenwart des Geschlechts und seiner Auswirkungen entdecken können, wir Euch

aufzufordern berechtigt sind zu glauben, dass die Wissenschaft endlich Beweise von der Existenz des großen hermetischen Prinzips in allen universalen Erscheinungen gegeben hat – des Prinzips des Geschlechts.

Es ist nicht notwendig, Eure Zeit mit den wohlbekannten Erscheinungen der »Anziehung und Abstoßung« der Atome in Anspruch zu nehmen, der chemischen Affinität, »der Liebe und dem Hass« der chemischen Teilchen, der Anziehung oder Kohäsion der Moleküle der Materie. Diese Tatsachen sind zu sehr bekannt, um einer eingehenden Erläuterung von unserer Seite zu bedürfen. Aber habt Ihr jemals darüber nachgedacht, dass alle diese Dinge Manifestationen des Geschlechtsprinzips sind? Seht Ihr nicht, dass sich hier dasselbe abspielt wie bei den Korpuskeln oder Elektronen? Und mehr als das, seht Ihr nicht die Richtigkeit der hermetischen Lehren ein, welche behaupten, dass sogar das Gesetz der Gravitation, jener seltsamen Anziehung, aufgrund derer alle Teilchen und Körper der Materie zueinander hinneigen, dass diese Anziehung nichts ist als ein weiteres Auftreten des Geschlechtsprinzips, das dahin wirkt, dass die männlichen die weiblichen Energien anziehen und umgekehrt? Wir können Euch zurzeit keinen wissenschaftlichen Beweis hierfür geben – aber prüft die Frage im Lichte der hermetischen Lehren und seht, ob Ihr darin nicht eine bessere Hypothese habt als in irgendeiner, die die physikalische Wissenschaft bietet. Unterzieht alle physikalischen Erscheinungen dieser Prüfung und Ihr werdet entdecken, dass das Geschlechtsprinzip immer in Wirksamkeit ist.

Wir wollen jetzt zu einer Betrachtung der Wirkung dieses Prinzips auf der geistigen Ebene übergehen. Viele interessante Züge harren hier der Untersuchung.

14 | Geistiges Geschlecht

Studenten der Psychologie, die den modernen Gedankengängen auf dem Gebiet der geistigen Phänomene gefolgt sind, werden über die Hartnäckigkeit überrascht sein, mit der sich die Idee eines dualen Geistes während der letzten zehn oder fünfzehn Jahre durchgesetzt hat, aus der eine Anzahl annehmbarer Theorien über die Natur und Beschaffenheit dieses zweifachen Geistes entstanden sind. Der verstorbene Thomson J. Hudson erreichte eine große Volkstümlichkeit im Jahre 1893, als er seine bekannte Theorie über den objektiven und subjektiven Geist aufstellte, deren Existenz er in jedem Individuum annahm. Andere Schriftsteller haben fast die gleiche Aufmerksamkeit erregt durch die Theorien über den »bewussten und unbewussten«, den »freiwilligen und unfreiwilligen«, den »aktiven und passiven« Geist. Wenn auch die Theorien der Schriftsteller voneinander abweichen, so ist ihnen doch das zugrunde liegende Prinzip der »Dualität des Geistes« gemeinsam.

Der Schüler der hermetischen Philosophie ist in Versuchung zu lächeln, wenn er von diesen vielen »neuen« Theorien über die Dualität des Geistes liest und hört, wobei sich jede Schule hartnäckig an ihre eigenen Lieblingstheorien klammert und jede den Anspruch erhebt, die Wahrheit entdeckt zu haben. Der Schüler blättert die Seiten der Geschichte des Okkultismus zurück und tief in den okkulten Anfängen der okkulten Lehren findet er Bezugnahmen auf die alte hermetische Lehre vom Geschlechtsprinzip auf der geistigen Ebene, von der Offenbarung des geistigen Geschlechts. Und wenn er die Untersuchung weiterführt, wird er finden, dass die alte Philosophie Kenntnis hatte vom »zweifachen Geist« und

sich durch die Theorie vom geistigen Geschlecht darüber Rechenschaft ablegte. Diese Idee vom geistigen Geschlecht kann Schülern, die mit den soeben genannten modernen Theorien vertraut sind, mit wenigen Worten erklärt werden. Das männliche Prinzip des Geistes entspricht dem »objektiven, bewussten, freiwilligen, aktiven« Geist und der weibliche Geist dem sogenannten »subjektiven, unbewussten, unfreiwilligen, passiven« Geist. Natürlich stimmen die hermetischen Lehren nicht mit den vielen modernen Theorien über die Natur der beiden Phasen des Geistes überein, noch bestätigen sie alle Tatsachen, die man für die beiden Aspekte als zutreffend angesehen hat. Viele der besagten Theorien und Behauptungen sind sehr weit hergeholt und halten einer Prüfung durch das Experiment oder einer Beweisführung nicht stand. Wir weisen auf die Übereinstimmungen nur deshalb hin, um dem Schüler zu helfen, seine früher gewonnenen Kenntnisse den Lehren der hermetischen Philosophie anzupassen. Schülern von Hudson wird die Feststellung am Anfang des zweiten Kapitels seines Buches »Das Gesetz psychischer Phänomene« auffallen: »Die mystische Sprache der hermetischen Philosophen enthüllt im Allgemeinen dieselbe Idee« – d. h. die Dualität des Geistes. Wenn sich Dr. Hudson die Zeit und die Mühe genommen hätte, die mystische Sprache der hermetischen Philosophie ein wenig zu entziffern, würde er vielleicht manche Erleuchtung über den Gegenstand des »zweifachen Geistes« erhalten haben, aber vielleicht wäre dann sein doch immerhin so interessantes Werk gar nicht geschrieben worden.

Wir wollen jetzt die hermetischen Lehren über das geistige Geschlecht näher betrachten. Die hermetischen Lehrer geben Belehrungen über diesen Gegenstand, indem sie ihre Schüler veranlassen, ihr Bewusstsein über ihr Selbst zu prüfen. Die Schüler werden ersucht, ihre Aufmerksamkeit nach innen auf ihr eigenes Selbst zu richten. Jeder Schüler wird dahin geführt zu erkennen,

dass ihm sein Bewusstsein zuerst von der Existenz seines Selbst berichtet, dass es sagt: »Ich bin.« Zuerst scheint es, als ob diese Worte des Bewusstseins endgültig wären, aber eine etwas weitergehende Prüfung zeigt, dass dieses »Ich bin« in zwei verschiedene Teile oder Aspekte geteilt oder gespalten werden kann, die, obgleich sie in Verbindung miteinander arbeiten, trotzdem bewusst getrennt werden können.

Während es im ersten Augenblick erscheint, als ob nur ein »Ich« besteht, enthüllt eine etwas sorgfältigere und genauere Prüfung die Tatsache, dass es ein »Ich« und ein »Mich« gibt. Diese geistigen Zwillinge unterscheiden sich in ihren charakteristischen Merkmalen und in ihrer Natur, und eine Untersuchung ihrer Natur und der aus ihr entstehenden Erscheinungen wird viele Probleme geistiger Einflüsse enthüllen.

Wir wollen mit einer Betrachtung des »Mich« beginnen, das vom Schüler gewöhnlich irrtümlich für das »Ich« gehalten wird, bis er die Nachforschung ein wenig weiter in die Tiefen des Bewusstseins treibt. Der Mensch hält sein Selbst (in seinem Mich-Aspekt) für zusammengesetzt aus gewissen Gefühlen, Geschmacksrichtungen, Meinungen, Abneigungen, Gewohnheiten, besonderen Verpflichtungen, Charakteristiken usw. Alle zusammen machen seine Persönlichkeit aus oder das »Selbst«, wie er selbst und andere es kennen. Er weiß, dass diese Emotionen und Gefühle wechseln, entstehen und vergehen, dass sie dem Prinzip des Rhythmus unterworfen sind und dem Prinzip der Polarität, die ihn von einem extremen Gefühl zum anderen schleudern. Auch denkt er von dem Mich, als sei ein bestimmtes Wissen in seinem Geist gesammelt und bilde so einen Teil von ihm selbst. Das ist das Mich eines Menschen.

Aber wir sind zu schnell vorangegangen. Das Mich vieler Menschen, kann man sagen, besteht in weitgehendem Maße aus dem Bewusstsein um ihre Körper und ihre psychischen Wünsche usw.

Da ihr Bewusstsein zum großen Teil an ihre körperliche Natur gebunden ist, »leben sie praktisch dort«! Manche Menschen gehen sogar so weit, ihre persönliche Bekleidung als einen Teil ihres Mich anzusehen und scheinen sie tatsächlich als einen Teil ihrer selbst zu betrachten. Ein Schriftsteller hat das humorvoll ausgedrückt, indem er sagte: »Der Mensch besteht aus drei Teilen – Seele, Körper und Kleidung.« Diese »kleidungsbewussten« Leute würden ihre Persönlichkeit verlieren, wenn sie anlässlich eines Schiffbruchs von Wilden ihrer Kleider beraubt würden. Aber selbst viele, die nicht so eng mit der Idee der persönlichen Kleidung verbunden sind, halten daran fest, dass ihr Bewusstsein um ihren Körper ihr Mich sei. Sie können sich kein Selbst denken, das unabhängig vom Körper ist. Ihr Geist scheint ihnen etwas zu sein, das praktisch zu ihrem Körper gehört, was tatsächlich vielfach der Fall ist.

Aber so, wie sich ein Mensch in der Skala des Bewusstwerdens erhebt, so ist er in der Lage, sein Mich von den Gedanken seines Körpers loszulösen, und er wird von seinem Körper als von einem geistigen Teil von sich denken können. Aber selbst dann ist er allzu bereit, das Mich gänzlich mit den geistigen Zuständen, Gefühlen usw. zu identifizieren, die er in sich spürt. Er ist allzu geneigt, diese inneren Zustände als identisch mit sich selbst zu betrachten, anstatt sie für »Dinge« zu halten, die aus irgendeinem Teil seiner Geistigkeit entstehen und in ihm existieren – von ihm und in ihm, aber nicht er selbst. Er sieht, dass er diese inneren Gefühlszustände durch eine Willensanstrengung ändern kann und dass er auf dieselbe Weise ein Gefühl oder einen Zustand völlig entgegengesetzter Natur erzeugen kann, und doch besteht dasselbe Mich. So ist er nach einer Weile in der Lage, diese verschiedenartigen geistigen Zustände, Erregungen, Gefühle, Gewohnheiten, Charakteristiken und andere persönliche Eigenschaften beiseitezustellen – er kann sie beiseitestellen in die nicht dem Mich zugehörige Sammlung

von Merkwürdigkeiten, Belastungen und auch wertvollen Besitztümern. Dazu bedarf es starker geistiger Konzentration und geistiger Erkenntniskraft seitens des Schülers. Aber die Aufgabe kann vom fortgeschrittenen Schüler gelöst werden. Doch auch die nicht so weit Fortgeschrittenen können ahnen, wie der Prozess durchgeführt werden kann.

Nachdem dieser Prozess des »Beiseitelegens« zum Abschluss gebracht worden ist, befindet sich der Schüler in einem bewussten Besitz eines »Selbst«, das in seinen zweifachen Aspekten, dem Ich und dem Mich, betrachtet werden kann. Man wird das Mich als etwas Geistiges empfinden, in dem Gedanken, Ideen, Erregungen, Gefühle und andere geistige Zustände hervorgebracht werden können. Es kann als der »geistige Schoß«, wie es die Alten nannten, bezeichnet werden, der fähig ist, geistige Nachkommenschaft zu erzeugen. Es stellt sich dem Bewusstsein als ein Mich dar mit latenten Kräften der Erschaffung und Erzeugung aller Arten geistiger Produkte. Man fühlt die enorme Kraft seiner schöpferischen Energie. Doch scheint es sich dessen bewusst zu sein, dass es eine gewisse Art von Energie entweder von seinem Ich-Gefährten oder von einem anderen Ich empfangen muss, bevor es in der Lage ist, seine geistigen Schöpfungen ins Leben zu setzen. Dieses Bewusstsein ruft ungeheure Fähigkeiten an geistigem Schaffen hervor. Aber der Schüler empfindet, dass das nicht alles ist, was er in seinem inneren Bewusstsein entdecken kann. Er empfindet, dass da noch ein geistiges Etwas existiert, das in der Lage ist zu wollen, dass das Mich nach gewissen schöpferischen Richtlinien handelt, und das ebenso in der Lage ist, beiseitezustehen und die geistige Schöpfung zu beobachten. Ihm wird gelehrt, diesen Teil seines Selbst sein Ich zu nennen. In dessen Bewusstsein kann er nach Belieben verweilen. Er findet, dass es ein Bewusstwerden der Fähigkeit, zu erzeugen und tatsächlich zu erschaffen, im Sinne eines fortlaufenden

Prozesses geistiger Tätigkeit nicht gibt, sondern vielmehr in dem Sinne und in dem Bewusstsein der Fähigkeit, eine Energie vom Ich auf das Mich zu übertragen – ein Prozess des »Wollens«, dass eine geistige Schöpfung beginne und fortschreite. Er findet auch, dass das Ich beiseitestehen und Vorgänge der geistigen Schöpfung und Zeugung seitens des Mich beobachten kann. Dieser zweifache Aspekt besteht im Geiste jedes Menschen. Das Ich repräsentiert das männliche Prinzip des geistigen Geschlechts, das Mich das weibliche. Das Ich repräsentiert den Aspekt des »Seins« und das Mich den Aspekt des »Werdens«. Ihr werdet bemerken, dass das Prinzip der Entsprechung auf dieser Ebene wirkt, so wie dies auf der großen Ebene der Fall ist, auf der sich die Erschaffung von Universen vollzieht. Die beiden sind ähnlich in der Art, wenn auch ungeheuer verschieden im Grad. »Wie oben, so unten; wie unten, so oben.« Diese Aspekte des Geistes, das männliche und das weibliche Prinzip, das »Ich« und das »Mich«, sind, wenn man sie in Verbindung mit den bekannten geistigen und psychischen Erscheinungen betrachtet, der Hauptschlüssel zu den nur wenig bekannten Gebieten geistiger Tätigkeit. Das Prinzip des geistigen Geschlechts zeigt die Wahrheit, die allen Erscheinungen geistiger Einflüsse usw. zugrunde liegt.

Die Tendenz des weiblichen Prinzips bewegt sich immer in der Richtung auf den Empfang von Eindrücken, die des männlichen stets in der Richtung des Ausstreuens oder Ausdruckgebens. Das weibliche Prinzip hat ein viel größeres Feld der Tätigkeit als das männliche. Das weibliche Prinzip leistet die Arbeit der Erzeugung neuer Gedanken, Begriffe, Ideen einschließlich der Tätigkeit der Fantasie, das männliche Prinzip begnügt sich mit der Arbeit des »Wollens« in seinen verschiedenen Ebenen. Doch kann sich das weibliche Prinzip auch ohne die Willensunterstützung des männlichen damit begnügen, geistige Bilder zu erzeugen, die das Resultat

äußerer Eindrücke sind, anstatt eigene geistige Schöpfungen hervorzubringen.

Menschen, die fortgesetzt Aufmerksamkeit und Gedanken auf einen Gegenstand richten können, wenden beide geistigen Prinzipien an – das weibliche bei dem Werk aktiver geistiger Zeugung und den männlichen Willen, der den schöpferischen Teil des Geistes anfeuert und ihm Energie verleiht. Die Mehrzahl der Menschen wendet das männliche Prinzip nur wenig an und ist zufrieden, von den Gedanken und Ideen zu leben, die ihrem Mich von dem Ich anderer eingegeben werden. Aber es ist nicht unsere Absicht, bei dieser Phase des Themas zu verharren, die aus jedem guten Lehrbuch über Psychologie mit dem Schlüssel studiert werden kann, den wir Euch für die Frage des geistigen Geschlechts gegeben haben.

Der Studierende seelischer Phänomene kennt die wunderbaren Erscheinungen, die unter der Bezeichnung Telepathie, Gedankenübertragung, geistige Beeinflussung, Suggestion, Hypnose usw. klassifiziert werden. Viele haben unter Verwendung der verschiedenen Theorien über den geistigen Dualismus nach einer Erklärung dieser verschiedenartigen Phasen von Erscheinungen gesucht. In gewissem Grade haben sie recht, denn es zeigen sich ganz klar zwei bestimmte Phasen geistiger Tätigkeit. Betrachten aber die Studierenden diesen zweifachen Geist im Lichte der hermetischen Lehren über Schwingung und geistiges Geschlecht, dann werden sie sehen, dass sie den lange gesuchten Schlüssel in der Hand haben.

Bei den Erscheinungen der Telepathie sieht man, wie sich die Schwingungsenergie des männlichen Prinzips auf das weibliche Prinzip einer anderen Person richtet, und diese nimmt den übertragenen Gedanken auf und lässt ihn zur Reife kommen. Suggestion und Hypnose arbeiten in der gleichen Weise. Das männliche Prinzip der suggerierenden Person richtet einen Strom von Schwingungsenergie oder Willenskraft auf das weibliche Prinzip

einer anderen und diese nimmt ihn auf, macht ihn sich zu eigen und handelt und denkt dementsprechend. Eine Idee, die in dieser Weise in den Geist eines anderen »hineingepflanzt« wird, wächst und entwickelt sich und wird nach einiger Zeit als echtes geistiges Kind des Betreffenden betrachtet, während sie in Wirklichkeit wie ein Kuckucksei in das Sperlingsnest gelegt wurde, dort die rechtmäßige Nachkommenschaft zerstört und sich häuslich einrichtet. Normal ist es, wenn sich das männliche und das weibliche Prinzip koordinieren und harmonisch in Verbindung miteinander handeln. Aber leider ist das männliche Prinzip bei den Durchschnittsmenschen zu träge, um zu handeln – die Entfaltung der Willenskraft ist zu gering und die Folge ist, dass solche Menschen fast ganz durch den Geist und Willen anderer beherrscht werden, denen sie gestatten, ihr Denken und Wollen für sie zu tun. Wie wenig eigene Gedanken oder selbstständige Handlungen werden von durchschnittlichen Menschen erdacht bzw. ausgeführt! Sind nicht die meisten bloße Schatten und das Echo von anderen, die einen stärkeren Willen oder Geist haben als sie selbst? Der Kummer ist, dass der Durchschnittsmensch fast gänzlich in seinem Mich-Bewusstsein lebt und sich gar nicht darüber klar ist, dass er so etwas wie ein »Ich« besitzt. Er ist im weiblichen Prinzip seines Geistes polarisiert und das männliche Prinzip, das seinen Willen enthält, muss untätig und unbeschäftigt bleiben.

Die starken Männer und Frauen in der Welt bekunden unveränderlich das männliche Prinzip des Willens und ihre Stärke beruht wesentlich auf dieser Tatsache. Statt von den Eindrücken zu leben, die andere in ihrem Geist hervorrufen, beherrschen sie ihren Geist durch ihren eigenen Willen, erhalten somit die gewünschten Bilder und beherrschen überdies in gleicher Weise den Geist anderer. Beobachtet, wie es die starken Menschen fertigbringen, ihre Ideen den Massen einzupflanzen und sie zu zwingen, dem Wunsch und

Willen dieser starken Persönlichkeiten gemäß zu denken. Das ist der Grund, warum die meisten Menschen so primitive Geschöpfe sind, die niemals eine eigene Idee haben oder ihre geistigen Kräfte betätigen.

Das Auftreten des geistigen Geschlechts kann man im Alltagsleben überall um uns beobachten. Die magnetischen Personen sind solche, die das männliche Prinzip anwenden können, indem sie ihre Ideen anderen aufzwingen. Der Schauspieler, der die Menschen nach Belieben weinen und lachen macht, wendet dieses Prinzip an. Ebenso der erfolgreiche Redner, Staatsmann, Priester, Schriftsteller oder andere, die in der Öffentlichkeit stehen. Der besondere Einfluss, den einige Menschen über andere ausüben, ist den Auswirkungen des geistigen Geschlechts zuzuschreiben auf der oben bezeichneten Linie der Schwingungen. In diesem Prinzip liegt das Geheimnis vom persönlichen Magnetismus, persönlichen Einfluss, Bezauberung usw. sowie aller Erscheinungen, die unter dem Namen Hypnose zusammengefasst werden.

Der Schüler, der sich mit den im Allgemeinen als »psychisch« bezeichneten Erscheinungen vertraut gemacht hat, wird die bedeutende Rolle der Kraft entdeckt haben, welche die Wissenschaft »Suggestion« genannt hat, womit der Prozess oder die Methode, eine Idee auf den Geist eines anderen zu übertragen, sie ihm aufzuzwingen, gemeint ist, wodurch der Letztere entsprechend handeln muss. Ein genaues Begreifen der Suggestion ist notwendig, wenn man die ihr zugrunde liegenden psychischen Erscheinungen verstehen will. Aber noch notwendiger ist die Kenntnis der Vibration (= Schwingung) und des geistigen Geschlechts für den die Suggestion Studierenden, denn das Prinzip der Suggestion hängt von diesen beiden Prinzipien ab.

Gelehrte, die über Suggestion lehren und schreiben, pflegen zu erklären, dass der »objektive und freiwillige« Geist auf den »subjek-

tiven oder unfreiwilligen« Geist den geistigen Einfluss oder die Suggestion ausübe. Aber sie beschreiben den Prozess nicht oder zeigen uns nicht irgendeine Analogie in der Natur, wodurch wir die Idee leichter verstehen könnten. Überdenkt man aber die Frage im Lichte der hermetischen Lehre, kann man sehen, dass das Anspornen des weiblichen Prinzips durch die Schwingungsenergie des männlichen Prinzips in Übereinstimmung ist mit den universalen Gesetzen der Natur und dass diese Welt der Natur zahllose Analogien liefert, durch die das Prinzip verstanden werden kann. Tatsächlich zeigen die hermetischen Lehren, dass gerade die Erschaffung des Universums demselben Gesetz folgt und dass bei allen schöpferischen Manifestationen auf der rein geistigen, geistigen und körperlichen Ebene überall das Geschlechtsprinzip in Wirksamkeit ist. Es ist die Offenbarung des männlichen und weiblichen Prinzips »Wie oben, so unten; wie unten, so oben« und mehr als das. Wenn man das Prinzip des geistigen Geschlechts einmal völlig begriffen hat, wird es auf einmal möglich, die verschiedenen Phänomene der Psychologie zu klassifizieren und zu studieren, anstatt im Dunkeln zu tappen. Das Prinzip tritt hier in der Praxis zutage, weil es ja auf den unveränderlichen allgemeinen Lebensgesetzen begründet ist.

Wir werden nicht auf eine ausführliche Besprechung oder Beschreibung der verschiedenartigen Erscheinungsformen geistiger Einflüsse oder seelischer Aktivität eingehen. Über diesen Gegenstand sind in den letzten Jahren viele Bücher, sogar viele gute Bücher geschrieben und veröffentlicht worden. Die grundsätzlichen Feststellungen in diesen Büchern sind richtig, wenn auch einige Schriftsteller versucht haben, diese Erscheinungen mit verschiedenen eigenen Lieblingstheorien zu erklären. Der Studierende kann sich mit diesen Dingen vertraut machen und er wird durch die Verwendung der Theorie des geistigen Geschlechts in der Lage sein, Ordnung in das Chaos widerstreitender Theorien und Lehren zu brin-

gen. Es ist nicht die Absicht dieses Werkes, einen ausführlichen Bericht über psychische Erscheinungen zu geben, sondern vielmehr die, dem Studierenden einen Hauptschlüssel in die Hand zu geben, mit dem er die vielen Tore öffnen kann, die in die Teile des Tempels der Weisheit führen, die er zu erforschen wünscht. Wir glauben, dass man in solchen Lehren des *Kybalion* eine Aufklärung finden wird, die dazu dient, viele überraschende Schwierigkeiten hinwegzuräumen – einen Schlüssel, der viele Tore erschließt. Was hat es für einen Zweck, bei all den vielen Formen psychischer Phänomene und geistiger Wissenschaft auf Einzelheiten einzugehen, wenn wir dem Studierenden nicht die Mittel in die Hand geben, durch die er sich mit jedem Teil des Gegenstandes bekannt machen kann, der ihn interessiert. Mithilfe des *Kybalion* kann man jede okkulte Bibliothek erneut durchstudieren und das alte Licht aus Ägypten wird viele dunkle Seiten verborgener Geheimnisse enthüllen. Das ist die Absicht dieses Buches. Wir kommen nicht, um eine neue Philosophie zu erklären, sondern vielmehr um die Umrisse einer großen uralten Lehre herauszustellen, die die Lehren anderer klären wird als großer »Versöhner« der verschiedenen Theorien und widerstreitenden Dogmen.

15 | Hermetische Grundsätze

Der Besitz von Wissen ist, wenn er nicht tätig zu Ausdruck und Wirkung kommt, wie das Horten wertvoller Metalle – eine zwecklose und unsinnige Sache. Wissen muss wie Reichtum einer Verwendung zugeführt werden. Das Gesetz der Anwendung ist ein universales Gesetz und wer es verletzt, kommt mit den Naturkräften in Konflikt zu seinem Schaden.

Kybalion

Es war niemals beabsichtigt, die hermetischen Lehren, die aus den erwähnten Gründen im Geiste ihrer glücklichen Besitzer sorgfältig aufbewahrt wurden, nutzlos aufzuspeichern und völlig geheim zu halten. Das Gesetz der Anwendung gilt auch für diese Lehren, wie man aus obigem Zitat aus dem *Kybalion* zweifellos ersehen kann. Wissen, das man nicht verwendet und mitteilt, ist eitel und bringt einem Menschen oder Volk nichts Gutes. Hüte Dich vor geistiger Missgunst und bringe das, was Du gelernt hast, zum Ausdruck. Ergründe die Grundsätze und Lehrsprüche, aber wende sie auch an.

Nachstehend geben wir einige der wichtigsten hermetischen Grundsätze aus dem *Kybalion* bekannt mit ein paar kurzen Erläuterungen. Mache sie Dir ganz zu eigen und wende sie an, denn dadurch werden sie erst wirklich Dein.

Wenn Du Deine Stimmung oder irgendeinen anderen geistigen Zustand ändern willst, so ändere Deine Schwingung.

Man kann seine geistigen Schwingungen durch ein Erweitern seines Willens ändern, indem man seine Aufmerksamkeit vorsätzlich auf einen wünschenswerten Zustand festlegt. Der Wille konzentriert die Aufmerksamkeit und die Aufmerksamkeit verwandelt die Schwingung. Übe die Kunst der Konzentration vermittels des Willens und Du hast das Geheimnis gelöst, Stimmungen und geistige Zustände zu beherrschen.

> *Willst Du einen unerwünschten Schwingungsgrad beseitigen, so setze das Prinzip der Polarität in Tätigkeit und konzentriere Dich auf den entgegengesetzten Pol dessen, was Du zu unterdrücken wünschst. Töte das Unerwünschte ab, indem Du seine Polarität wechselst.*

Dies ist eine der wichtigsten hermetischen Formeln. Sie beruht auf den wissenschaftlichen Prinzipien des *Kybalion*. Wir haben Euch gezeigt, dass ein geistiger Zustand und sein Gegensatz lediglich zwei Pole ein und derselben Sache sind und dass die Polarität durch geistige Verwandlung umgedreht werden kann. Dieses Prinzip ist den modernen Psychologen bekannt, sie wenden es an, um unerwünschte Gewohnheiten zu brechen, indem sie ihre Schüler veranlassen, sich auf die entgegengesetzte Eigenschaft zu konzentrieren. Bist Du von Furcht besessen, so verschwende keine Zeit, die Furcht abzutöten, sondern pflege statt dessen die Eigenschaft des Mutes und die Furcht wird verschwinden. Einige Schriftsteller haben diesen Gedanken sehr treffend ausgedrückt, indem sie das Beispiel eines dunklen Raumes benutzten: Du musst die Dunkelheit weder herausschaufeln noch herausfegen, sondern Du brauchst nur die Läden zu öffnen und das Licht hineinzulassen, damit die Dunkelheit verschwindet. Um eine negative Eigenschaft abzutöten, konzentriere Dich auf den positiven Pol dieser Eigenschaft und die

Schwingungen werden sich allmählich vom Negativen ins Positive verwandeln, bis Du schließlich auf dem positiven Pol polarisiert sein wirst, statt auf dem negativen. Das Umgekehrte ist ebenfalls wahr, wie viele zu ihrem Kummer herausgefunden haben, wenn sie sich erlaubt haben, zu lange auf dem negativen Pol der Dinge zu schwingen. Durch Wechseln der Polarität kannst Du Deine Stimmungen meistern, die Zustände Deines Geistes verändern, Deine Neigungen lenken und Deinen Charakter aufbauen. Vieles von der geistigen Meisterschaft der fortgeschrittenen Hermetiker muss man dieser Anwendung der Polarität zuschreiben, die einen der wichtigsten Gesichtspunkte der geistigen Verwandlung darstellt. Denke an den früher erwähnten hermetischen Grundsatz, welcher lautet:

> *Geist kann (wie Metalle und Elemente) verwandelt werden, von Zustand zu Zustand, von Grad zu Grad, von Pol zu Pol, von Schwingung zu Schwingung.*

Die Beherrschung der Polarisation ist die Meisterung der grundlegenden Prinzipien geistiger Transmutation oder geistiger Alchemie, denn wer sich die Kunst, seine eigene Polarität zu verwandeln, nicht erwirbt, ist unfähig, auf seine Umgebung eine Wirkung auszuüben. Das Verständnis dieses Prinzips versetzt einen in die Lage, seine eigene Polarität zu ändern sowie die anderer, wenn man so viel Zeit, Sorgfalt, Studium und Übung darauf verwendet, die notwendig sind, diese Kunst zu lernen. Das Prinzip ist richtig, aber das Resultat hängt ab von der unaufhörlichen Geduld und Übung des Schülers.

> *Rhythmus kann man neutralisieren, wenn man die Kunst der Neutralisation anwendet.*

Wie wir in den vorhergehenden Kapiteln erklärt haben, stehen die Hermetiker auf dem Standpunkt, dass sich das Prinzip des Rhythmus sowohl auf der geistigen als auch auf der physischen Ebene offenbart und dass die verwirrende Folge von Stimmungen, Gefühlen, Erregungen und anderer geistiger Zustände von dem Rückwärts- und Vorwärtsschwingen des geistigen Pendels herrührt, das uns von einem Gefühlsextrem zum anderen trägt. Die Hermetiker lehren auch, dass das Gesetz der Neutralisation einen in großem Umfang befähigt, die Auswirkungen des Rhythmus bewusst zu beherrschen. Wie wir darlegten, gibt es eine höhere Ebene des Bewusstseins außer der gewöhnlichen niedrigen, und der Meister, der sich geistig auf die höhere Ebene erhebt, lässt den Schwung des geistigen Pendels sich auf der niedrigeren Ebene auswirken und entgeht so dem bewussten Rückwärtsschwingen. Dies geschieht durch Polarisation auf dem höheren Selbst, wodurch die geistigen Schwingungen des Ego über die gewöhnliche Ebene des Bewusstseins hinaus gesteigert werden. Es ist ebenso, als ob man sich über einen Gegenstand erhöbe und ihn unter sich vorbeigehen ließe. Der fortgeschrittene Hermetiker polarisiert sich selbst an den positiven Pol seines Wesens, der mehr der »Ich bin«-Pol als der seiner Persönlichkeit ist. Und indem er die Wirkung des Rhythmus »abwehrt« und »verneint«, erhebt er sich über dessen Ebene des Bewusstseins, steht fest auf seinem Standpunkt und lässt das Pendel auf der niedrigeren Ebene zurückschwingen, ohne seine Polarität zu ändern. Dies kann von allen Persönlichkeiten erreicht werden, die einen gewissen Grad von Selbstbeherrschung erlangt haben, ganz gleich ob sie das Gesetz verstehen oder nicht. Solche Menschen lassen sich durch das Pendel ihrer Stimmungen und Erregungen einfach nicht zurückschwingen, bleiben an dem positiven Pol polarisiert und beweisen so ihre unerschütterliche Überlegenheit. Der Meister erreicht natürlich einen viel höheren Grad von Fertigkeit, denn er

versteht das Gesetz, das er mit einem höheren Gesetz überwindet, und durch Anwendung seines Willens erreicht er einen Grad von Gleichgewicht und geistiger Standfestigkeit, den diejenigen kaum für möglich halten können, die sich von dem Pendel ihrer Stimmungen und Gefühle hin- und herschwingen lassen.

Erinnert Euch aber stets, dass das Prinzip des Rhythmus in Wirklichkeit nicht gestört wird, denn es ist unzerstörbar. Man überwindet ein Gesetz lediglich dadurch, dass man es durch das Gegengewicht eines anderen ausgleicht. Die Gesetze des Gleichgewichts und Gegengewichts sind sowohl auf den geistigen als auch auf den physischen Ebenen in Wirksamkeit und das Verständnis dieser Gesetze versetzt einen in die Lage, die Gesetze scheinbar außer Kraft zu setzen, während man nur ein Gegengewicht zur Auswirkung bringt.

> *Nichts entgeht dem Prinzip von Ursache und Wirkung, aber es gibt viele Ebenen der Ursächlichkeit und man kann die Gesetze der höheren verwenden, um die Gesetze der niedrigeren zu überwinden.*

Durch praktische Nutzanwendung der Polarisation erheben sich die Hermetiker zu einer hohen Ebene der Ursächlichkeit und schaffen so ein Gegengewicht zu den Gesetzen der niedrigeren Ebenen der Ursächlichkeit. Indem sie sich über die Ebene der gewöhnlichen Ursachen erheben, werden sie in gewissem Grade selbst Anlass, anstatt veranlasst zu werden. Dadurch, dass sie in der Lage sind, ihre eigenen Gefühle und Stimmungen zu beherrschen, und dadurch, dass sie den Rhythmus neutralisieren können, können sie einem großen Teil von Ursache und Wirkung auf der gewöhnlichen Ebene entgehen. Die Massen der Menschen lassen sich tragen, sie gehorchen ihrer Umgebung, dem Willen und den Wünschen

anderer, die stärker sind als sie, den Auswirkungen ererbter Tendenzen, den Einflüsterungen anderer und anderen äußeren Ursachen, die sie wie Figuren auf dem Schachbrett des Lebens hin- und herschieben. Die fortgeschrittenen Hermetiker suchen eine höhere Ebene geistiger Tätigkeit auf, indem sie sich über diese einwirkenden Ursachen erheben, ihre Stimmungen, Erregungen, Antriebe und Gefühle beherrschen und sich so einen neuen Charakter, neue Eigenschaften und Kräfte schaffen, wodurch sie ihre Umgebung überwinden. So werden sie Spieler statt Figuren. Solche Personen tragen zu dem Spiel des Lebens verständnisvoll bei, anstatt dass sie hin- und herbewegt werden durch stärkere Einflüsse, Kräfte und Willensäußerungen. Sie benutzen das Prinzip von Ursache und Wirkung, anstatt ihm zu unterliegen. Natürlich sind selbst die am höchsten Stehenden diesem Prinzip unterworfen, wenn es sich auf den höheren Ebenen auswirkt, aber auf den niedrigeren Ebenen sind sie Meister anstatt Sklaven. Wie das *Kybalion* sagt:

> *Die Weisen dienen auf den höheren, aber herrschen auf den niedrigeren Ebenen.*

Sie gehorchen den Gesetzen, die von oben kommen, aber auf ihren eigenen Ebenen, und auf denen unter ihnen herrschen und befehlen sie. Aber doch bilden sie dabei einen Teil des Prinzips, statt sich ihm entgegenzustellen. Der Weise macht sich das Gesetz zu eigen und indem er seine Bewegungen versteht, bedient er sich seiner, anstatt sein Sklave zu sein. So wie ein geschickter Schwimmer sich hier und dorthin wendet, wohin er will, anstatt wie ein Klotz hin und her getragen zu werden – so ähnlich kann man den Weisen mit dem Durchschnittsmenschen vergleichen und doch sind beide, der Schwimmer und der Klotz, der Weise und der Tor, dem Gesetz unterworfen. Wer das wohl versteht, ist weit auf dem Wege zur Meisterschaft.

Zum Schluss wollen wir noch einmal Eure Aufmerksamkeit auf den hermetischen Grundsatz lenken:

Wahre hermetische Verwandlung ist geistiger Art.

Mit diesem Grundsatz lehren die Hermetiker, dass man die schwere Aufgabe der Beeinflussung seiner Umgebung nur durch geistige Kraft lösen kann. Da das Universum vollständig geistig ist, folgt daraus, dass es nur durch Geist beherrscht werden kann. In dieser Wahrheit liegt die Erklärung aller Erscheinungen und Offenbarungen der verschiedenen geistigen Kräfte, denen seit Anfang dieses Jahrhunderts so viel Aufmerksamkeit und Studium gewidmet wird. Allen Lehren der verschiedenen Kulte und Schulen liegt als konstante Größe stets das Prinzip der geistigen Substanz des Universums zugrunde. Wenn das Universum seiner substanziellen Natur nach geistig ist, so folgt daraus, dass geistige Transmutation die Zustände und Erscheinungsformen des Universums ändern muss. Wenn das Universum geistig ist, dann muss Geist die höchste Kraft sein, die seine Erscheinungen beeinflusst. Wenn man dies recht versteht, so wird man alle sogenannten Wunder und Wundertaten als das ansehen, was sie sind:

Das All ist Geist, das Universum ist geistig.

Kybalion

William Walker Atkinson

Die moderne Esoterikwelt wäre ohne William Walker Atkinson (1862 – 1932) nicht denkbar. Er war ein modernes, brillantes Universalgenie und ein leuchtender Stern der esoterischen Welt damals wie heute. Mit vielen spirituellen Meistern seiner Zeit persönlich bekannt beschäftigte er sich über mehrere Jahrzehnte hinweg intensiv sowohl mit den östlichen Yoga-Lehren als auch mit christlicher Mystik, den Rosenkreuzern, der Gnosis und der Hermetik.

Als ein »Leonardo da Vinci der modernen Spiritualität« verband er diese unterschiedlichen Geistesströmungen miteinander und brachte sie in eine moderne und lebensnahe, dem heutigen Menschen gut verständliche Form. Sein umfangreiches Schaffen ist noch heute von großer Bedeutung, da Atkinson die ewig gültigen spirituellen Gesetze dieser Welt wie kein anderer in klare Worte zu fassen verstand.

Begünstigt durch das Erste Parlament der Weltreligionen 1893 in Chicago entwickelten sich verschiedene spirituell-esoterische Lehren zu einem festen Bestandteil der populären Kultur. Diese Bewegung wird heute »New Thought« genannt, jedoch reicht diese Begrifflichkeit nicht aus, um die Vielschichtigkeit der damaligen Ereignisse und Entwicklungen zusammenzufassen. Es war ein Schmelztiegel, der unterschiedliche Ansätze und Vorstellungen von dem beinhaltete, was man für spirituelle Weisheit hielt. So gab es Autoren und Vortragsredner mit sehr leicht verständlichen Inhalten, die heute weitgehend in Vergessenheit geraten sind. Ganz anders ein William Walker Atkinson, der die wahre Essenz der ewig gültigen spirituellen Weisheiten erfassen konnte. Sein Hauptwerk »Kybalion« ist bis heute unerreicht und zu einer wahren Legende geworden.